I0156168

BIBLIOTHÈQUE

DE LA

JEUNESSE CHRÉTIENNE

APPROUVÉE

PAR Mgr L'ARCHEVÊQUE DE TOURS

·—

SÉRIE PETIT IN-8°

PROPRIÉTÉ DES ÉDITEURS

C.

VUE DE NAZARETH

EXCURSION
EN SYRIE

EN PALESTINE

ET EN ÉGYPTE

PAR

LE R. P. DU FOUGERAIS

DE LA COMPAGNIE DE JÉSUS

BIBLIOTHÈQUE NATIONALE R.F. IMPRIMÉS

DÉPÔT LÉGAL Indre & Loire nr 207/3 1873

TOURS

ALFRED MAME ET FILS, ÉDITEURS

—

M DCCC LXXIV

AVANT-PROPOS

Les pages qu'on va lire n'étaient pas desti-
nées à la publicité. Écrites par obéissance,
elles ne devaient pas franchir le seuil de la
famille religieuse à laquelle l'auteur appartient. L'espoir de faire quelque bien à la modeste classe de lecteurs à laquelle il s'adresse,
et l'assurance que plusieurs personnes d'autorité lui en ont donnée, ont pu seuls le déci-
der à les publier.

Fort de la droiture de ses intentions,
étranger, du reste, à toute prétention scien-
tifique ou littéraire, il se présente au public
avec confiance et simplicité, dans le but unique d'intéresser, d'instruire et d'édifier.

Disons néanmoins, n'en déplaise à la modestie de l'auteur, que son ouvrage a le mérite, rare et précieux dans ce genre de littérature, de n'être point une œuvre de fantaisie, de ces œuvres qui ont donné naissance à l'adage bien connu, et trop souvent, hélas! justifié : *A beau mentir qui vient de loin.* Son récit, nous pouvons l'affirmer, est d'une rigoureuse exactitude, et les choses qu'il décrit sont telles qu'on les trouverait encore aujourd'hui. Ajoutons que ce livre, plein d'intérêt, n'est point dépourvu de charme littéraire, et que le sentiment de piété dont ses pages sont empreintes lui conciliera bien vite les sympathies du lecteur chrétien.

A nos yeux, le P. du Fougerais, en permettant l'impression de son livre, a obtenu plus qu'un succès littéraire, il a fait une bonne action.

LES ÉDITEURS

EXCURSION EN SYRIE

EN PALESTINE ET EN ÉGYPTE

SYRIE

Nous quittâmes Constantinople le vendredi 3 août 1866. Le temps était magnifique; un soleil splendide éclairait ces rives incomparables du Bosphore, qu'on ne peut se lasser d'admirer, et que nous contemplions pour la dernière fois. Nous étions à bord du *Vatican,* petit vapeur des messageries impériales, svelte, élégant, bon marcheur, faisant le service de Constantinople à Smyrne. Nous levâmes l'ancre à

1*

quatre heures du soir. Des Grecs, des Turcs, des
Arabes établis sur un des côtés du pont, s'abritaient
sous une tente, dont le devant, ouvert pendant le
jour, se fermait pendant la nuit. Un vieux Turc à
barbe blanche, et paraissant appartenir à la classe
aisée, faisait régulièrement sa prière aux heures pres-
crites par le Coran, la face invariablement tournée
vers la Mecque, et le plus souvent prosterné sur un
tapis que son domestique avait soin d'étendre devant
lui.

Le lendemain, à cinq heures du matin, nous arrivions à Gallipoli. Gallipoli est la première ville d'Europe qui tomba entre les mains des Turcs, en 1357,
cent ans environ avant la prise de Constantinople.
Pour s'en consoler, l'empereur Jean Paléologue dit
qu'il n'avait perdu qu'une jarre de vin et une étable
à pourceaux, faisant allusion aux magasins que Justinien y avait fait construire. Mais les sultans compri-
rent mieux l'importance de cette position, et Baja-
zet Ier répara son port et ses murailles.

Gallipoli rappelle de tristes souvenirs. Pendant la
guerre de Crimée, le choléra sévit d'une manière
terrible parmi les nombreux malades de l'armée
française qu'on y avait transportés. Le foyer pesti-
lentiel devint si intense, que nos soldats mouraient
en grand nombre, emportés en quelques jours, souvent en quelques heures. On ne pouvait entrer dans
certaines salles sans s'y exposer à un péril imminent.

Les infirmiers et autres personnes de service, épou-
vantés de la puissance de la contagion, abandonnaient
les malades, qui mouraient sans secours.

Le zèle héroïque de nos aumôniers militaires s'éleva
à la hauteur de la calamité. Ils se dévouèrent au service des pestiférés avec une abnégation admirable,
qui ne se démentit pas un instant. Le R. P. Gloriot,
de sainte mémoire, passa dix-neuf nuits de suite sans
se coucher, servant les malades, et leur prodiguant,
avec les secours de la religion, ceux que lui fournissait
son active et intelligente charité. La terreur était si
grande, que chacun voulait mettre ordre à ses affaires
et se confesser. Aussi notre zélé missionnaire exer-
çait-il le ministère sacré non-seulement dans les
salles, mais encore dans les cours, dans les corridors,
et jusque sur les escaliers.

Quelque temps après, cet infatigable apôtre mou-
rait à Constantinople, à l'hôpital civil et maritime de
Péra, victime de son intrépide dévouement et de
son héroïque charité. Admirable fin d'une admirable
vie ! Mais revenons à notre voyage.

Nous ne fîmes qu'une courte escale à Gallipoli. A
huit heures nous étions en rade des Dardanelles,
gros village situé sur la côte d'Asie, à l'entrée du
Bosphore. Ses maisons bariolées, ses minarets, et
les résidences des consuls surmontées de leurs pavil-
lons respectifs, lui donnent un aspect assez pittoresque. Il est défendu par un fort ou château massif,

dont les batteries rasantes, croisant leurs feux avec
ceux d'une citadelle bâtie de l'autre côté du détroit,
sur la rive d'Europe, défendent l'entrée du canal, qui
ne présente guère en cet endroit qu'une largeur de
deux mille mètres. Nous y passons quelques instants,
et nous reprenons notre voyage, tournant à gauche
la côte de l'Asie Mineure, et laissant à droite la Grèce
et l'Europe.

Bientôt nous apercevons l'île de Ténédos, célèbre
dans la guerre de Troie; nous entrons dans le canal,
large seulement de sept kilomètres, qui la sépare de
la terre ferme, et à notre gauche, vis-à-vis de l'île
dont nous longeons les bords, nous voyons se dérouler
devant nous une vaste et fertile plaine. C'est la Troade :
campos ubi Troja fuit! Cette plaine, couverte de belles
forêts de chênes, est bordée à l'orient par des collines boisées, que dominent les sombres crêtes du
mont Ida. Elle est à peu près déserte. Là, comme
dans tout le reste de l'empire turc, d'immenses
richesses demeurent inexploitées, la terre, selon
l'ordre providentiel, ne donnant pas ce qu'on ne
veut pas se donner la peine de lui demander. On
nous montra deux petits mamelons, qu'on décora du
nom, peut-être trop ambitieux, de tombeaux d'Achille
et de Patrocle.

A l'île de Ténédos succéda bientôt celle de Les-
bos ou de Métélin. Pendant cinq heures nous en
longeons les côtes, bordées de montagnes presque

toutes arides. Mais enfin, vers le soir, leur pen-
chant se couvre de verdure, et bientôt nous jetons
l'ancre dans le port de la petite ville de Métélin (ancienne Mitylène). Elle est dominée par une immense
citadelle, qui offre de belles ruines crénelées, et
montre encore, à de rares embrasures, quelques
bouches de canon. Cette ville, protégée à l'ouest par la
chaîne de montagnes qui court tout le long de l'île,
est assise dans une charmante plaine toute verdoyante
d'oliviers et de prairies. Elle est élégante, et compte
14,000 habitants. Beaucoup de ses maisons sont
bâties en pierres, et elle laisse au voyageur charmé
la plus agréable impression. Hélas! qui eût pu pré-
voir alors que, quelques mois plus tard, un affreux
tremblement de terre ensevelirait sous ses ruines
un grand nombre de ses habitants et les deux tiers
de cette riante cité!

Mais déjà le soir arrive, et le jour nous abandonne
avec les derniers contre-forts des montagnes. Nous
arrivons dans la nuit en rade de Smyrne. Le lendemain était un dimanche. Dès cinq heures du matin,
nous montons sur le pont, et nous contemplons pour
la première fois le saisissant panorama de la belle
cité de saint Polycarpe, ainsi que celui des montagnes qui enserrent la ville et la plaine dans un
immense hémicycle. Le soleil se levait, et couvrait
ce tableau magnifique de teintes incomparables. Les
personnes qui nous entouraient en furent frappées

comme nous, et comme nous ne pouvaient se lasser d'admirer ce beau spectacle.

Les RR. PP. franciscains, prévenus de notre arrivée, avaient eu la bonté de nous envoyer chercher à bord. A six heures, nous descendions à terre. Je célébrai la sainte messe dans leur église, et nous allâmes ensuite rendre nos devoirs à Mgr Spaccapietra, archevêque de Smyrne. Il nous reçut avec une extrême bienveillance, et nous invita à déjeuner avec lui. Mais un des élèves de notre collége de Constantinople, qui savait notre arrivée, s'était déjà emparé de nos personnes pour toute la journée. Comme la ville n'offre rien de bien intéressant, il nous conduisit par le chemin de fer à Bournabat. Bournabat, le Versailles de Smyrne, distant seulement de quelques lieues, est une charmante petite localité, peuplée de jolies maisons de campagne ombragées de beaux arbres, entourées de vertes pelouses, d'élégants parterres, et présentant une physionomie tout à fait européenne. Nous y passâmes une agréable journée, et, vers le soir, nous fîmes notre visite aux sœurs de Saint-Vincent-de-Paul, qui y possèdent une école et une pharmacie. A sept heures, nous étions de retour chez les pères franciscains, qui nous offrirent une cordiale hospitalité.

Cette petite excursion nous montra toute la fertilité de la plaine de Smyrne. Les fruits y sont beaux et excellents. Nous traversâmes un ruisseau desséché, décoré par les poètes du nom de Mélès. On dit qu'Homère est né sur ses bords. Nous aurions bien désiré aller à Éphèse, où le chemin de fer conduit en deux heures; mais le temps nous manquait. Cette ville, autrefois importante, était devenue célèbre dans tout l'univers, à cause de son fameux temple de Diane, l'une des merveilles de l'antiquité. Elle nous rappelait surtout les souvenirs si touchants et si pieux de la sainte Vierge et de saint Jean, qui, selon une ancienne tradition, y moururent l'un et l'autre. Saint Paul établit à Éphèse la première église chrétienne, dont il confia le gouvernement à son disciple Timothée. Enfin, c'est là que se tint le troisième concile œcuménique, qui, en 431, anathématisa le nestorianisme. Hélas! de toutes ces grandes choses, il ne reste que le souvenir et le nom. On nous assura que cette opulente cité s'était transformée en un pauvre village habité par de misérables pâtres, auxquels le voisinage des marais du Caystre donne habituellement la fièvre, et qui gardent de maigres troupeaux.

Les ruines de la ville ancienne, plusieurs fois rebâtie et déplacée, couvrent une étendue de terrain si considérable, que, pour les traverser, il ne faut pas moins de quatre heures de marche. Mais, comme je l'ai dit, le temps nous manquait pour faire cette intéressante excursion. Ce fut pour nous l'occasion d'un sacrifice qui se renouvellera plus d'une fois dans le cours de notre voyage.

Revenons à Smyrne. Smyrne est le comptoir de
l'Asie Mineure, comme Beyrout est celui de la Syrie.
Elle a perdu beaucoup de son importance. Cette ville
compte environ 150,000 habitants, dont 11,000 catholiques latins, 40,000 grecs schismatiques, 10,000 arméniens et 15,000 juifs. Le reste est formé par la
population turque, et habite un quartier à part. Les
sœurs de Saint-Vincent-de-Paul ont, tant dans la
ville que dans les environs, quatre maisons importantes; et les lazaristes, un collége de deux cents
élèves. Les frères des Écoles chrétiennes y font aussi
les classes élémentaires. Les trois langues parlées
dans ce pays sont le turc, le grec et le français. Le
lendemain je célébrai la sainte messe de bonne heure.
Puis, après avoir pris congé des RR. PP. franciscains, nous nous rendons d'abord au *Vatican* chercher
nos effets, et de là au *Niémen*, magnifique bateau des
messageries impériales, de cent dix mètres de long,
très-confortablement installé, et qui fait le service
des côtes de Syrie. Malheureusement, venant de Marseille, où quelques cas de choléra ont été constatés,
il voyage avec patente *brute*, et se trouve par conséquent soumis aux lois de la quarantaine. Nous nous
associons à sa destinée, et, en montant à son bord,
nous acceptons une quarantaine de huit à dix jours à
purger au lazaret de Beyrout.

Nous levons l'ancre à une heure. Nous traversons
sous bon vent l'immense rade de Smyrne. Longtemps

encore nous contemplons cette ville célèbre, formant,
au pied du mont Pagus, un arc de cercle d'un développement de trois kilomètres. Elle ne répond plus,
depuis longtemps, aux épithètes qu'on lui donnait
encore au commencement du siècle : *Smyrne l'ai-
mable, la Couronne de l'Ionie, l'Œil de l'Anatolie,
la Perle de l'Orient.* Aujourd'hui son port est sans
animation, son bazar sans activité, ses rues mornes
et désertes. La couronne est tombée de sa tête, le
sceptre s'est brisé entre ses mains, elle n'est plus la
reine de l'Asie Mineure : c'est ainsi que passe la gloire
du monde, *sic transit gloria mundi!* A cinq heures
nous doublons le cap de Bournou, et aussitôt nous
apercevons à notre droite l'île de Chio, remarquable
par la fertilité de son sol et l'industrie de ses habitants, les plus hardis spéculateurs de la Grèce.

Autrefois la compagnie de Jésus avait dans cette
île un collège florissant, qui comptait trois cents
élèves. Vers huit heures du soir, les dernières montagnes de Chio se perdent à l'horizon. Dans la nuit,
nous côtoyons l'île de Samos et celle de Patmos, qui
n'est qu'un rocher stérile, mais tout embaumé des
souvenirs de saint Jean. On montre encore les ruines
du village qu'habita cet apôtre, pendant son exil sous
Domitien. Ce village s'appelait *Katabafsis.* Il composa
son Apocalypse dans une grotte éloignée d'un kilomètre du village et depuis longtemps transformée en
chapelle, sous le vocable de sainte Anne.

Mardi 7 août, temps magnifique. Toujours, de chaque côté du canal formé par le continent et les îles, même aspect de montagnes arides, bizarrement découpées, mais revêtues souvent d'admirables teintes de lumière. A dix heures, l'île de Rhodes nous apparaît. Cette île est la dernière des Sporades. Elle mesure une longueur de dix lieues environ, sur une largeur de cinq, et un peu plus de quarante-six de circuit. C'est là que nous aperçûmes des palmiers pour la première fois. Cette île, située en vue de la côte asiatique, jouit d'un délicieux climat, et les Rhodiens assurent qu'elle n'a pas un seul jour de l'année sans soleil. La douceur de sa température, la pureté de son ciel, presque toujours sans nuage, lui a valu l'épithète de *clara Rhodos* que lui donnent une foule de poëtes. Dans l'antiquité, Rhodes avait une école renommée d'éloquence, où Cicéron vint étudier et s'exercer dans l'art de bien dire. Nous jetons l'ancre vers midi devant sa capitale, antique et glorieux boulevard de la chrétienté, célèbre par les siéges qu'elle a soutenus contre les Turcs. L'entrée du port, peu protégé contre les vents, est défendue par deux grosses tours bâties sur des îlots de pierre qui, suivant la tradition, servaient de base au célèbre colosse. La plus considérable, celle de droite, qui porte le nom de tour de Saint-Michel, est une belle construction carrée, peu élevée, mais flanquée à sa partie supérieure de petites tourelles rondes, et surmontée d'une espèce de belvédère octogone.

Bâtie à l'extrémité septentrionale de l'île, la ville s'élève en amphithéâtre sur un coteau qui descend en pente douce jusqu'à la mer. Ses rues sont assez larges, généralement garnies de trottoirs, mais tristes et désertes. Les maisons, solidement construites, sont presque toutes, au moins dans la rue des Chevaliers, ornées des armoiries et écussons des anciens Hospitaliers de Jérusalem. Parmi ces nombreux blasons, on remarque ceux des grands maîtres de l'ordre : l'Isle-Adam, Aubusson, Amboise, Roger de Pins, Jean de Lastic, etc. Il faut visiter dans cette ville, autrefois si florissante et maintenant si déchue, la grande et belle église Saint-Jean, convertie en mosquée depuis l'occupation turque, et dont les caveaux renferment la sépulture de la plupart des grands maîtres. On remarque aussi l'ancien palais, résidence actuelle du pacha. Ses restes mutilés attestent encore la splendeur et le bon goût des chevaliers.

Ces deux remarquables monuments ont été en grande partie détruits par le tremblement de terre de 1856. Depuis la conquête de Soliman II, grâce à l'indolence naturelle des Turcs, la ville est demeurée intacte; on s'est contenté de réparer les brèches, mais on n'a pas remué une pierre. Aussi les fenêtres à ogives, les écussons, les fleurs de lis, les inscrip-

tions latines parfaitement conservées, les statues des
saints qu'on rencontre partout, font-ils de Rhodes un
véritable musée du moyen âge.

La cité renferme dans ses murs 12,000 habitants,
dont 7,000 musulmans, 2,000 juifs et environ 3,000
grecs. On y compte aussi 200 catholiques latins. Ils
possèdent une petite chapelle desservie par trois religieux récollets.

Nous eussions bien voulu voir tant de belles et
saintes choses, interroger tous ces grands souvenirs;
mais, notre qualité de *pestiférés* ne nous permettant
pas de mettre pied à terre, nous dûmes nous contenter de contempler du bord cette cité illustre,
quoique peu considérable, entourée d'une muraille
qui l'enserre dans ses plis. Nous ne pouvions détacher
nos regards de ces murs héroïques, témoins de tant
de hauts faits d'armes, et de ce courage chrétien,
supérieur à tous les dangers, que la foi seule peut et
sait inspirer.

Vers le soir, nous reprenons la mer. Les jours sui-
vants nous jetons l'ancre devant Lattakié (l'ancienne
Laodicée); devant Tripoli, ville bâtie au pied d'une
des branches du Liban, où nous apercevons le château de Raymond de Toulouse, comte de Tripoli :
vieille ruine gothique, bâtie sur une éminence, et
dont la masse imposante domine toute la ville. Enfin,
le dimanche 12 août, à onze heures du matin, nous
arrivons à Beyrout. A la distance du bateau, la ville,

bâtie sur un terrain accidenté et entouré de verdure, offre un aspect enchanteur. Aussi les Arabes, dans leur langage poétique, la comparent-ils à une sultane majestueusement assise sur des coussins de velours vert. Prévenu de notre arrivée, l'excellent P. Gautrelet, supérieur de notre mission de Syrie, de la charité duquel nous avons eu tant à nous louer, était déjà à la *santé* et y plaidait chaudement, mais, hélas! vainement, notre cause. L'administration demeura inflexible, et nous fûmes condamnés à dix jours de quarantaine, en société de deux compagnons d'infortune, un jeune Grec catholique de Syra, et un négociant arabe fort riche, mais auquel on aurait donné l'aumône, tant il était mal vêtu. On nous installa tous les quatre dans un petit appartement au rez-de-chaussée, composé de deux pièces, éclairées chacune par une fenêtre jouissant, ou peu s'en faut, de tous ses carreaux de vitre. Les deux pièces ont pour parquet la terre nue, pour meubles deux lits de camp, et pour décorations de très-nombreuses et très-élégantes toiles d'araignées. On nous mit sous la conduite d'un jeune Arabe, armé d'une baguette pour nous tenir à distance, et nous entrons dans tout le sérieux de notre rôle de *pestiférés*. Quelques heures après, nous recevons, à deux reprises différentes, la visite de nos pères. Le R. P. Gautrelet, surtout, s'intéresse à notre sort. Bientôt, par ses soins charitables, matelas, oreillers, draps, couvertures, deux chaises, une

table, ainsi que des provisions de bouche, qu'on aura
la bonté de renouveler matin et soir, pendant toute la
durée de notre *carcere duro*, apportent dans notre
pauvre réduit l'abondance et la commodité. Tous les
jours, nous recevions la visite de nos pères, sous
l'œil vigilant du gardien, et séparés par une double
barrière, qui nous interdisait toute autre relation que
celle de la vue et de la parole. Désirant me confesser,
je fus obligé de le faire dans ces conditions, c'est-
à-dire tout haut, à quatre pas du père et en présence
de mon jeune Arabe, témoin bien inoffensif d'une
chose à laquelle il ne comprenait rien. Néanmoins je
ne saurais dire la singulière impression que j'éprouvai
en cette circonstance; ce que je puis affirmer, c'est
qu'elle fut étrange et peu agréable.

Cependant les jours s'écoulaient doucement, sinon
rapidement, dans la solitude du lazaret. Après le mouvement du voyage, nous sentions mieux que jamais
le bienfait du silence et du repos. La chaleur excessive
du jour tombait le soir, au coucher du soleil, sous
l'action d'une forte brise de mer. Nous partagions
notre temps entre la prière, la conversation, la lec-
ture, la rédaction de nos notes, les visites de nos pères
et les courtes promenades que nous permettait l'exiguïté de la presqu'île où nous étions confinés. Après
le repas du soir, nous nous plaisions à considérer, sans
nous en lasser jamais, la chaîne du Liban, dont les
derniers contre-forts baignaient leurs pieds dans la

mer, tandis que les rayons affaiblis du crépuscule couvraient d'une vapeur lumineuse leurs flancs et leurs crêtes, qu'on aurait dits alors recouverts de velours rose et violet. La belle et verdoyante plaine qui s'étend jusqu'à Beyrout faisait le fond du tableau, que terminait la ville elle-même, se cachant dans une brume transparente. Elle nous apparaissait dominée, au midi, par des dunes de sable qui s'élèvent au-dessus de sa tête comme une perpétuelle menace. Nous nous disions, en contemplant ce spectacle grandiose : Que les œuvres de Dieu sont belles ! Quel livre magnifique que ce livre de la nature qu'il a ouvert sous nos yeux, et dont chaque page proclame avec une si haute éloquence sa puissance, sa grandeur, sa sagesse et sa bonté ! Ah ! si l'exil est si beau, que sera donc la patrie ? Le jour de l'Assomption, grâce à l'inépuisable charité de nos pères, qui m'envoyèrent tout ce qui était nécessaire pour cela, je pus dire la sainte messe dans la chapelle de Saint-Michel, chapelle spacieuse, renfermée dans l'enceinte du lazaret, et à laquelle assista un certain nombre de personnes. Ce fut pour nous une consolation bien douce et bien sentie.

Enfin, le samedi 19 août, arriva l'ordre de notre élargissement, après sept jours de quarantaine. Nous nous hâtâmes d'en profiter pour aller embrasser nos pères, qui avaient eu tant de bontés pour nous.

Le lendemain nous visitâmes la ville la plus importante, après Smyrne, de la côte de la Syrie. Beyrout (l'ancienne Béryte), colonie de Sidon, compte 80,000 habitants, dont les trois quarts sont chrétiens. Quoique son port soit peu abrité et peu sûr, son commerce est considérable. Elle est l'entrepôt de la Syrie et, en quelque sorte, le port de Damas. L'intérieur de la ville offre un dédale de rues voûtées, tortueuses et sombres; plusieurs sont protégées par des toiles tendues contre les rayons brûlants du soleil. Néanmoins, dans le quartier neuf, on en trouve quelques-unes assez larges, bien pavées et tirées au cordeau. En se promenant dans ces rues, on voit tous les costumes, on entend parler toutes les langues. Les femmes, entièrement dérobées dans les plis d'une grande pièce d'étoffe blanche, ressemblent à des fantômes. Nous visitâmes le bazar, la belle église gothique, à trois nefs, que bâtissent les pères franciscains, la belle chapelle des sœurs de Saint-Vincent-de-Paul et leur vaste établissement, la caserne, l'église grecque, le temple protestant. L'établissement de nos pères est considérable. Ils dirigent cinq ou six congrégations d'hommes, de femmes et d'enfants, toutes très-florissantes. Celle des *messieurs* compte une centaine de membres, et celle des ouvriers et des hommes de peine est beaucoup plus nombreuse. C'est quelque chose de fort curieux que la bénédiction du saint Sacrement, qu'on leur donne chaque dimanche après l'instruction. Tous ces braves gens chantent à pleins poumons avec accompagnement de cymbale et de chapeau chinois; pour eux la beauté du chant est en raison du bruit. On doit leur rendre cette justice, qu'il est étourdissant.

Nos pères ont encore une imprimerie, à laquelle est attaché un atelier de reliure. Leur école de Beyrout se compose de deux cent cinquante enfants, tous externes ou demi-pensionnaires. La compagnie possède six maisons en Syrie : Beyrout, Gazir, Bikfaïa, Moallaquah, Der-el-Kamar et Sidon.

Comme nous l'avons dit, Beyrout est un centre commercial très-important. On y remarque une activité tout européenne. Une route carrossable, construite il y a quelques années par une compagnie française, et sur laquelle est établi un service quotidien de voitures, le seul qui existe dans l'empire de Turquie, la relie à Damas. On fait le trajet en quinze heures.

Nous passâmes trois jours pleins à Beyrout, jouissant avec bonheur de la généreuse et délicate hospitalité de nos pères, nous dédommageant largement des fatigues du voyage et des ennuis du lazaret.

Désirant profiter de notre présence dans le pays pour visiter les maisons que notre compagnie possède dans le Liban, le quatrième jour nous montons à cheval à quatre heures et demie du matin, et nous prenons la belle route de Damas pour gravir la montagne. A une lieue environ, nous laissons à gauche le bois de pins où campèrent les troupes françaises lors de l'intervention de 1860, époque du massacre des chrétiens maronites par les Druses. Nous nous élevons peu à peu sur les premières pentes du Liban, ayant toujours à l'horizon Beyrout assise dans sa plaine verdoyante, et entourée par la mer qui lui ser de ceinture.

On compte dans le Liban 150,000 Maronites et 45,000 Grecs unis, ce qui porte à peu près à 200,000 le chiffre de la population catholique.

Arrivés au point le plus élevé du passage, nous faisons halte; nous déjeunons près d'une fontaine où nous trouvons un certain nombre d'Arabes avec leurs chevaux. Après une heure de repos, nous nous mettons en route. Nous commençons à descendre le versant opposé de la montagne, et bientôt la fertile plaine de Célésyrie, bordée par la chaîne de l'Anti-Liban, se déroule devant nous. Ces deux chaînes de montagnes, le Liban et l'Anti-Liban, courent parallèlement du nord-est au sud-ouest, séparées par la Célésyrie, qui s'étend à leurs pieds comme un long ruban de verdure. Les horizons qu'on découvre à chaque pas sont aussi pittoresques que variés, et offrent, sous un ciel inondé de lumière, les plus admirables contrastes. Enfin, après quatre heures de marche, nous arrivons à Moallaquah, couverts de poussière, épuisés de chaleur et de fatigue. Nos pères possèdent dans ce village, qui est comme le faubourg de Zalhèh, une maison malheureusement

non achevée, qui renferme un orphelinat et la congrégation des Xavériens. Formée par les soins de
nos missionnaires, cette congrégation se compose de
jeunes gens indigènes qui se consacrent à l'œuvre
éminemment utile de l'éducation des enfants, et qui,
après leur noviciat, se lient par des vœux. Elle est
placée sous le patronage de saint François Xavier,
d'où le nom de *Xavériens* qu'on donne à ses membres.
Depuis plusieurs années déjà, ils occupent un certain nombre d'écoles, et rendent à la population
catholique du Liban d'importants services. Il faut en
dire autant des *Mariamettes* et des sœurs du Sacré-
Cœur. Ces deux congrégations de filles, fondées, la
première par le R. P. Estève, et la seconde par le
R. P. Riccadonna, dirigent, dans le Liban et l'Anti-
Liban, environ soixante écoles, et font un bien considérable aux familles des Maronites et des Grecs unis.

Revenons à notre voyage. Le lendemain de notre
arrivée, malgré les fatigues de la veille, nous partîmes de bonne heure pour visiter les ruines célèbres de Balbek. C'est l'ancienne Héliopolis de
Syrie. Nous traversons la magnifique plaine de Célésyrie, qui se déroule en ondulant sur une longueur de
cent douze kilomètres, et nous arrivons vers deux
heures à Balbek, où nous descendons chez un pauvre
curé maronite, qui nous reçoit d'une manière très-
affable.

Après une légère réfection, et un long repos dont

nos huit heures de marche, sous un soleil torride,
nous faisaient éprouver un impérieux besoin, nous
nous acheminâmes vers les fameuses ruines. Balbek
est située au pied de l'Anti-Liban.

On croit que cette ville fut bâtie, ou du moins
agrandie et embellie par Salomon. Nous y arrivâmes
par un immense tunnel construit de blocs énormes,
auquel deux autres de même proportion viennent
se relier, en le coupant à angles droits. Au sortir
du souterrain dont l'issue est obstruée par des décombres, on se trouve dans l'enceinte de la terrasse
sur laquelle s'élèvent les prodigieuses constructions
de l'acropole qui font l'admiration des voyageurs. A
gauche, se présente le petit temple de Jupiter, et à
droite, le grand temple du soleil. Le premier est beaucoup mieux conservé que le second. Ici il faut renon-
cer à décrire. La grandeur, la hardiesse, les vastes
proportions, le disputent à la beauté, à la délicatesse
achevée des détails, peut-être trop surchargés d'ornements dans le petit temple de Jupiter. Il est certain
que cette masse de constructions offre un ensemble
de merveilles dont on ne peut se faire une idée quand
on ne les a pas vues. L'imagination reste écrasée sous
ces proportions colossales, sous ces blocs de pierre de
vingt mètres de long, jetés sur des murs de trente à
quarante pieds d'élévation, ou suspendus comme en-
tablement sur des colonnes de vingt mètres qui, depuis
des siècles, soutiennent ces énormes fardeaux. On dit

que les ruines de Balbek, avec celles de Palmyre, sont les plus belles qui existent.

Il y a encore à Balbek deux autres temples, dont l'un, tout petit et d'une construction grossière, que l'on rencontre un quart d'heure avant la ville; l'autre, situé à trois cent mètres de l'acropole, et de forme circulaire, beaucoup plus curieux et intéressant que le premier, quoique d'une architecture très-simple et à peu près dépourvue d'ornements.

Plusieurs ruisseaux d'une eau fraîche et abondante coulent au milieu de ces ruines, et arrosent les jardins de Balbek. Ils prennent leur source à trois kilomètres de distance, au pied de l'Anti-Liban.

Nous visitâmes, près de la ville, les anciennes carrières d'où ont été tirés les matériaux de l'acropole. On trouve encore sur place un des gros blocs monolithes, que les Arabes nomment *Hadjer-el-Kiblah* (la pierre du Midi). Ses dimensions sont : hauteur, 4 mètres 50 centimètres ; — largeur, 4 mètres 10 centimètres ; — longueur, 23 mètres 42. Il est parfaitement taillé, et il attend depuis des siècles la puissance qui doit le transporter dans l'enceinte de l'acropole. M. de Saulcy, célèbre savant français, a calculé qu'il avait 500 mètres cubes, et que, vu la densité de la pierre, il devait représenter un poids de 1,500,000 kilogrammes, c'est-à-dire, qu'il faudrait une machine de la force de 20,000 chevaux, ou les efforts réunis de 40,000 hommes, pour le mettre en mouvement. On se perd en conjectures pour expliquer les moyens employés pour le transport de pareilles masses.

Le lendemain, après avoir célébré la sainte messe dans la plus pauvre chapelle, et sur le plus pauvre autel que j'aie jamais vu, nous assistâmes à celle des Maronites. Trois prêtres étaient présents. Un seul prit les ornements sacerdotaux, et les deux autres, revêtus seulement de l'étole, assistèrent le premier. Un jeune garçon de douze ans qui la servait se mit à bourdonner d'une voix nasillarde une espèce de chant monotone, pendant toute la durée du saint sacrifice. Pendant ce temps, des fidèles accroupis sur des nattes ou des lambeaux de tapis se frappaient la poitrine à coups redoublés, se prosternaient à terre et faisaient de nombreux signes de croix, selon l'usage maronite, ou plutôt, selon l'usage oriental, essentiellement démonstratif.

Après le déjeuner et un dernier coup d'œil jeté sur les ruines imposantes de Balbek, nous montâmes à cheval. Nous parcourûmes de nouveau la belle plaine que nous avions traversée la veille. Une multitude de ruisseaux qui descendent des montagnes lui donnent une grande fertilité. Elle est couverte de pâturages, où paissent de nombreux troupeaux. Grâce aux cours d'eau qui la sillonnent, et dont on suit les ondulations par les touffes d'arbres et les rideaux de peupliers qui bordent leurs rives, elle offre l'aspect le plus agréable et le plus riant.

Nous marchions depuis sept heures, et nous appro-
chions de Moallaquah, lorsque nous fûmes atteints
par un cavalier qui galopait derrière nous. La cou-
verture blanche rayée de noir qui lui couvrait la tête
et le reste du corps, sa lance longue d'environ douze
pieds, sa ceinture qui soutenait un yatagan et une
paire de pistolets, nous apprennent que nous avons
affaire à un enfant du désert, à un Bédouin. Il était
jeune, il paraissait gai, il cherche à lier conversation
avec nous; mais, voyant que nous ne pouvions pas
nous comprendre, il nous invite, par signes, à faire
assaut de galop avec lui; puis, sans attendre davantage, il pique des deux et disparaît comme une flèche.

Située sur le versant oriental du Liban, la résidence
de nos pères à Moallaquah est dans une position
magnifique. La vue s'arrête principalement sur le
grand Hermon, la plus haute montagne de l'Anti-
Liban. Ce mont, célèbre dans l'Écriture, était la
dernière limite de la Judée au nord. Il se partage
en trois sommets, dont le plus petit, le plus au
sud, donne naissance au Jourdain, qui court se jeter
ensuite dans le lac de Tibériade ou de Génésareth.
Nous avons visité aussi la ville de Zahlèh, éloignée de deux kilomètres du gros village de Moallaquah. Cette ville, presque toute chrétienne, compte
10,000 habitants, Grecs, Maronites et Métoualis.
Elle est bâtie dans une gorge étroite et profonde où
coule le Bardaoung, avant de répandre ses eaux dans

la plaine. De grandes allées de peupliers bordent ses rives, et les maisons de pierres blanches et solidement construites s'échelonnent en amphithéâtre de chaque côté. Cette ville importante, située entre Damas et Beyrout, est la clef du Liban. Nous y possédions une résidence et une église en construction. La première a été pillée et détruite par les Druses pendant la terrible insurrection de 1860; la seconde a été saccagée. Nous vîmes avec le plus vif intérêt, comme aussi avec un sentiment de vénération profonde, la chambrette pratiquée derrière le chœur de l'église, où le R. P. Billotel et ses compagnons furent pris à la suite de l'imprudence d'un frère qui sortit trop tôt de la retraite. Nous vîmes également la terrasse où ils furent fusillés. Mais le sang des martyrs est la semence des chrétiens : *Sanguis martyrum semen christianorum*. Un de ces martyrs, jeune frère arabe de notre compagnie, nous parla de ce massacre et de ses douloureuses péripéties, avec cette émotion et cet accent de vérité, particulier aux personnes témoins d'un fait, ou qui y ont pris une part active. Cet heureux frère conserve les cicatrices glorieuses de son généreux sacrifice. Nous lui demandâmes s'il avait eu peur au moment du danger. Il nous répondit qu'il n'y avait pas même songé, et que le premier coup de fusil qu'il reçut fut la réponse à un reproche qu'il adressait aux Druses, en train de dépouiller le R. P. Billotel.

Les sœurs arabes, fondées par le R. P. Riccadonna, de sainte mémoire, ont à Zahléh une communauté et une école. Qu'on me permette de placer ici un petit trait que nous raconta la supérieure, et qui peint bien le caractère arabe.

Une jeune fille, bergère dans la montagne, avait quitté ses parents pour se faire religieuse dans la congrégation. Son père avait toujours refusé de se rendre à ses désirs. Furieux du départ de sa fille, il se rend à la maison des sœurs, dans l'intention de la ramener à tout prix. Arrivé à la porte, il commence par s'asseoir avec cette majesté particulière aux orientaux, puis il fume tranquillement le chibouk.

Après ces préliminaires, il entre dans la maison et réclame sa fille. La supérieure lui représente qu'il ne peut s'opposer à la vocation de son enfant, que ce serait s'opposer à la volonté de Dieu. Il persiste, il dit qu'il veut voir sa fille. La fille vient. Aussitôt notre bon Arabe déploie avec volubilité toutes les ressources de son éloquence. Il lui représente d'abord qu'elle regrettera son père et sa mère. Puis, enchérissant et suivant une sorte de gradation, il lui demande comment elle pourra résister au souvenir de sa montagne, de sa claire fontaine, enfin et surtout de ses chèvres... «Oh! non, dit-il, tu ne pourras penser à tes chèvres, et ne pas venir les trouver!» Se tournant alors du côté de la supérieure, il lui dit du ton le plus indifférent: «Ma fille est si belle, qu'elle fera l'ornement de ta mai-

2*

son. — Tu te trompes, répondit la sœur, j'en ai de bien plus belles que ta fille. » Là-dessus, sans répliquer, sans plus parler de sa fille, notre homme se lève, et avec la plus singulière insouciance il reprend le chemin de la montagne.

Plusieurs centaines d'enfants suivent les écoles tenues par les Xavériens et par les sœurs. Chaque dimanche, des catéchistes des deux sexes se répandent dans les villages de la plaine. Ils sont dirigés par nos pères, qui surveillent leurs travaux et parcourent aussi les villages pour prêcher et entendre les confessions.

Après avoir pris congé de nos pères de Moallaquah, et leur avoir témoigné notre reconnaissance, nous partons, par un beau clair de lune, le lundi 27 août, à quatre heures et demie du matin. Le cavas du mudir, jeune homme disant quelques mots de français et ayant étudié quelque temps au collége de Gazir, nous accompagne, ainsi que deux petits orphelins, qui rentrent dans leur famille. Il s'agit de traverser de nouveau le Liban, et, cette fois, rien de plus curieux, de plus romantique, mais aussi de plus pénible, que les sentiers qu'il nous faut suivre. Tantôt ils serpentent parmi les rochers, tantôt ils s'élèvent roides et abrupts sur le flanc de la montagne. Si vous regardez en bas, le vertige vous saisit à la vue d'un précipice ; si vous regardez en haut, c'est un troupeau de chèvres qui fait rouler des pierres, dont plusieurs pourraient

vous atteindre. Assez souvent, dans ces sentiers étroits,
vous voyez venir à vous des mulets chargés, des chameaux, avec leur allure solennelle, portant d'énormes
ballots, des poutres, quelquefois une meule de mou-
lin, une cloche. Vous frémissez sans le vouloir; car
vous n'êtes point accoutumé à de pareilles rencontres
et dans de telles conditions. Mais il y a une providence
pour les voyageurs. On passe néanmoins, et rare-
ment un malheur arrive.

Voici Bikfaïa, ville construite en partie sur un
petit plateau, en partie cramponnée à quelques
roches fertiles, ou plutôt fertilisées, c'est-à-dire
couvertes de terre végétale. Un fond de rochers
planté de pins au feuillage toujours vert, et des
mûriers sans nombre, lui forment un encadrement
délicieux. Ses eaux sont renommées. Du haut de
Bikfaïa, la vue est magnifique. Ce pays pittoresque,
formé par des terrasses sans fin, garnies de vignes,
couvertes de figuiers et de mûriers, et s'élevant
comme par étages les unes au-dessus des autres,
offre un aspect enchanteur. Ce gros village est tout
chrétien. Le clocher de nos pères le domine et en
fait l'ornement. Leur église, œuvre du célèbre frère
Bonacina, est la plus belle et la plus grande que
nous possédions en Syrie. Appuyés par l'autorité d'un
saint évêque, l'influence de nos pères est considérable dans cette résidence et dans les environs. Déjà
le célibat des prêtres n'est plus une chose aussi

extraordinaire. Les cas de conscience se font régulièrement chaque semaine, et sont suivis par tout le
clergé de la ville.

Le lendemain de notre arrivée, nous allons rendre
visite au *mudir*, personnage officiel, dont la dignité
répond à celle de sous-préfet. Le mudir est un jeune
Maronite ayant passé plusieurs années au collège des
lazaristes d'Antoura, et dans celui de nos pères à
Gazir. Il parle fort bien le français, et ne manque
pas de distinction dans les manières. Il est excellent
catholique, préfet de la congrégation des hommes,
magistrat intègre, qui s'est fait une loi de ne recevoir
de cadeaux de personne, chose inouïe en Orient. Il
nous fit beaucoup d'accueil, nous offrit le café, les
confitures, le verre d'eau fraîche et le narguillé.
Nous étions entrés auparavant chez les sœurs, dont la
maison est à quelques minutes de la nôtre. C'est là
que se trouve le noviciat des Mariamettes, qui comptait alors dix-huit novices. Il est très-bien installé,
dans une maison suffisamment spacieuse, bâtie par
un Européen, et achetée par nos pères. Cette utile
congrégation compte déjà quarante-cinq membres. Il
y a quelques années, un saint prêtre maronite, le
P. Joseph, aida puissamment à sa fondation en y
consacrant tout son petit patrimoine. Depuis longtemps il vit avec nos pères dans leur résidence. La
congrégation des Mariamettes est en voie de prospérité, et rend déjà de très-grands services. Ces pieuses

filles ajoutent aux vœux ordinaires de religion celui
de *faire mission*, vœu qu'elles accomplissent en se
dispersant chaque dimanche dans les villages, comme
nous l'avons dit plus haut, pour faire le catéchisme.

Les terres de Bikfaïa sont ferrugineuses; elles renferment aussi des mines de houille; mais la grande
difficulté est toujours l'exploitation et le transport. Le
pays produit d'assez bon vin. Le blé se récolte principalement dans les environs de Zahlèh. La manière de le
battre dans le Liban, comme, du reste, dans toute la
Syrie, ne ressemble guère à la nôtre. On attèle un cheval à une sorte de traîneau; puis un homme, une femme,
ou même un enfant, monte sur le traîneau et fouette
le cheval, qui le promène dans l'aire sur le blé étendu.
De cette manière la paille est hachée; mais elle n'en
sert pas moins à la nourriture des animaux.

Après trente-six heures de séjour à Bikfaïa, nous
prenons congé de nos pères, et, accompagnés d'un
domestique arabe qui nous sert de guide, nous nous
mettons en route pour Gazir. Cette petite ville est
située sur la pente occidentale du Liban, en face de
la Méditerranée.

Nous passons par des sentiers impossibles, qui se
transforment souvent en véritables escaliers, dont les
marches atteignent quelquefois de soixante-dix à
quatre-vingts centimètres de hauteur. Le voyageur le
plus intrépide doit souvent mettre pied à terre, s'il a
quelque souci de sa conservation. Mais, si les chemins

sont abrupts et difficiles, nous trouvons un ample
dédommagement dans la beauté du pays. A chaque
pas, en effet, on est distrait par de riants villages
suspendus aux flancs des montagnes, ou assis sur
quelques plateaux entourés d'une riche verdure. De
ces villages, la vue s'étend au loin : tantôt sur la mer
qui déroule à l'horizon sa belle nappe d'azur, tantôt
sur une gorge pittoresque encombrée d'arbres et de
rochers, ou sur une vallée profonde, richement cultivée. Quelquefois vous apercevez, sur un cône isolé,
comme une sorte de forteresse. Regardez bien. Cette
masse carrée et imposante laisse apercevoir un petit
clocher surmonté d'une croix. C'est un couvent de religieux. Autour de lui règnent la solitude et le silence.
Les vains bruits du monde ne peuvent arriver jusqu'à
ses heureux habitants. Saluez de loin, et respectez
cet asile de la prière. Souvenez-vous que c'est là
que la foi antique de nos pères s'est retirée et conservée intacte, lorsque les populations de la plaine
étaient envahies et abruties par l'abjecte religion du
Coran.

Vers dix heures nous arrivons à la rivière du *Chien*
(l'ancien Lycus), qui doit son nom à quelque légende
arabe ou à l'espèce de rugissement produit par les eaux
du fleuve qui se brisent sur les rochers. Nous y faisons
une petite halte. Pendant que nous déjeunons sous
un hangar, à quelques pas du pont, nous nous apercevons que l'un de nos chevaux laisse tomber à terre

une bave sanguinolente. On approche, on examine; sa bouche n'est nullement blessée, la bride ne le gêne en aucune façon. Comment expliquer ce phénomène? Nous étions dans l'étonnement et l'embarras, quand un jeune homme, qui s'était montré très-obligeant pour nous, examine à son tour la bête de plus près, et découvre, sous la langue du pauvre animal, trois sangsues qu'il avait aspirées en buvant, ce qui arrive quelquefois. On eut beaucoup de peine à les lui arracher.

En continuant notre route, nous passons à Antoura, où les lazaristes tiennent un collége. Quelques heures après nous arrivions à celui de Gazir. Ce collége a pris de sérieux développements, malgré son éloignement de la ville et son difficile accès. Il comptait cette année cent trente internes et quarante externes. Nos pères espéraient une rentrée de deux cents pensionnaires. Le pacha de Beyrout avait eu la pensée de construire une route carrossable, depuis cette ville jusqu'à Gazir; mais les habitants, dans la crainte de rendre trop facile aux Turcs l'accès de leur cité, s'y sont opposés.

C'est à Gazir, surtout, qu'on peut remarquer le soin que prennent les femmes de lier les tresses de leurs cheveux avec des fils de soie, auxquels sont suspendues de nombreuses pièces d'or. On affirme que plusieurs en portent ainsi pour 1,800 à 2,000 francs. Du collége de Gazir la vue s'étend au loin sur la mer.

L'air y est excellent. Arrivés la veille de l'ouverture de la retraite annuelle, nous la fîmes avec nos pères. Nous n'oublierons jamais les dix bonnes journées que nous passâmes au milieu d'eux, et leur fraternelle hospitalité. Ces quelques jours nous procurèrent un bienfaisant repos, qui nous était nécessaire et qui nous fut doublement profitable pour l'âme et pour le corps. Le 10 septembre nous étions de retour à Beyrout, prêts à nous embarquer pour Jaffa.

PALESTINE

Le jeudi 13 septembre 1866, veille de la fête de l'Exaltation de la sainte croix, nous quittâmes Beyrout et nous nous embarquâmes sur *le Volga*, bateau des messageries impériales. Nous avions le cap sur Jaffa. Notre navire, marchant à toute vapeur, côtoyait le Liban à quatre milles de distance environ. Nous ne tardâmes pas à apercevoir Saïda, l'ancienne Sidon. Cette ville, autrefois l'une des plus importantes de la Phénicie, est bien déchue de son ancienne splendeur. Elle est située à l'extrémité de la tribu de Zabulon.

Josèphe fait remonter son origine à Sidon, fils aîné de Chanaan, qui la construisit. Elle joua pendant les croisades un rôle important. Les chrétiens bâtirent une forteresse sur un rocher que la mer entoure, et qu'ils relièrent au continent par un pont de neuf arches. Elle offre encore un aspect imposant. Cette ville, qui n'est plus qu'une misérable bourgade, se compose de ruelles étroites et malpropres, bordées de maisons délabrées. Elle renferme une population de 5,000 habitants, dont 3,000 Turcs; les autres sont catholiques latins, maronites ou juifs.

A la nuit tombante, la partie de la montagne que nous avions à notre gauche parut tout enflammée. Les marins du bord et plusieurs passagers crurent à un incendie. Un jeune Anglais qui se trouvait dans un groupe s'approcha alors de l'un de nous, pour lui faire remarquer l'incendie qu'il croyait avoir sous les yeux. Mais, ayant appris que ces feux avaient été allumés par la population maronite de la montagne, en l'honneur de la fête de l'Exaltation de la sainte croix, il retourna vers le groupe, pour lui communiquer cette explication si simple; puis, revenant à nous, il nous serra la main avec toute l'effusion d'un homme à qui l'on vient de rendre un éminent service. Cette explosion de reconnaissance et d'enthousiasme britannique provoquée pour une cause si légère, nous divertit passablement.

Maintenant, il nous faut définitivement laisser le Liban avec sa fraîche verdure, ses eaux limpides, ses cimes escarpées et ses vallées fertiles. Nous arrivons au point important du voyage, à la terre foulée par l'Homme-Dieu, par Jésus notre Sauveur.

Il est cinq heures et demie du matin. Nous voici à Jaffa (ancienne Joppé). Cette ville compte 5,000 habitants. Affreuse à l'intérieur, elle se présente assez bien, et s'élève en amphithéâtre sur un mamelon conique qui domine la mer. Son port est petit et fort mauvais, à cause de son peu de profondeur et des récifs qui en défendent l'entrée. Les sinistres y sont fréquents, surtout pendant l'hiver.

Nous avons fait sur le bateau la rencontre vraiment providentielle de Mgr Vincent, coadjuteur du patriarche de Jérusalem. Ce jeune prélat de trente-deux ans parle assez bien le français, et se fait remarquer par sa grande modestie et l'aménité de son caractère. Il retourne à son poste, au séminaire de Beit-Djalah, situé près de Bethléem, sa résidence ordinaire. Sa suite se compose de trois personnes, son secrétaire, son domestique et son janissaire en grande tenue et armé.

Avertis de son arrivée, les pères franciscains ont envoyé une chaloupe le prendre à bord, tandis que le R. P. gardien l'attend sur la plage. Il nous invite gracieusement à monter avec lui, ce que nous acceptons avec empressement et reconnaissance. Nous accostons, et, l'eau manquant à notre chaloupe, nous sommes transportés à dos d'homme sur le rivage. La première fois qu'on met le pied sur la terre sainte, cette terre arrosée par le sang du Sauveur, on se sent saisi d'un sentiment profond de respect et d'attendrissement. Je n'oublierai jamais l'émotion que j'éprouvai alors. Lorsqu'il y aborde, le pèlerin peut gagner une indulgence plénière, en récitant un *Pater*, un *Avé*, et un *Gloria Patri*. Cette faveur est attachée à tous les lieux célèbres de la terre sainte.

Jaffa. — Jaffa est une des plus anciennes villes du monde. Quelques auteurs en placent l'origine avant le déluge. C'est dans le port de Jaffa qu'Hiram, roi de Syrie, fit débarquer les cèdres du Liban qu'il donnait à Salomon pour la construction du temple de Jérusalem. Le prophète Jonas, fuyant la face du Seigneur, s'y embarqua pour Tharsis. Cette ville, conquise par les Machabées, était le seul port que la Palestine possédât sur la Méditerranée. Si l'on en croit une ancienne tradition, rapportée par saint Jérôme, Noé aurait habité ce lieu, et y aurait travaillé à la construction de l'arche. Cette ville offre de beaux souvenirs chrétiens. Saint Pierre y ressuscita Tabithe, et ce fut dans la maison de Simon le corroyeur qu'il eut cette vision célèbre qui lui enjoignait de porter aux gentils la lumière de l'Évangile. Cette maison, transformée plus tard en église, est remplacée par une bicoque turque, que l'on peut toutefois visiter. Le phare, dominant la mer, s'élève tout auprès. La ville est entourée d'une enceinte fortifiée, armée de quelques canons. Elle compte 5,000 habitants, dont le cinquième est chrétien. Sa porte unique, située au nord, est toujours encombrée de chameliers, de marchands qui y tiennent une sorte de foire, et au milieu desquels les caravanes et les pèlerins sont obligés de s'ouvrir un passage. Les trois mosquées et les couvents des trois principaux rites qu'elle renferme n'offrent rien d'intéressant. Cependant celui des Latins est spacieux, l'église est très-propre, et des terrasses on jouit d'une très-belle vue sur la ville, le port et la mer. Non loin du couvent, les sœurs de Saint-Joseph tiennent une école fréquentée que nous visitâmes.

Après avoir reçu des RR. PP. de la terre sainte une cordiale et généreuse hospitalité, nous nous mîmes en route pour Ramleh à quatre heures de l'après-midi.

Notre cortége était imposant. Le janissaire de Mgr Vincent, avec ses pistolets à la ceinture, son riche yatagan au côté, son fusil en bandoulière, et sa grande canne à pomme d'argent posant sur l'étrier, ouvrait la marche. Il était immédiatement suivi du janissaire des franciscains; puis venaient monseigneur, son secrétaire, le R. P. supérieur des franciscains de Jaffa, accompagné d'un de ses religieux, et le reste de la troupe se composant de neuf personnes. La sentinelle turque nous rendit les honneurs militaires.

Après avoir franchi la porte de la ville, nous suivons une route sablonneuse qui traverse de riches jardins d'orangers, de citronniers, de grenadiers, de bananiers, etc., bordés de tamarins et protégés par des haies d'énormes cactus. Ces jardins, les plus beaux de la Palestine, couvrent un espace de deux milles, et présentent l'aspect d'une forêt verte et odorante, d'arbres chargés de fleurs et de fruits, dont les frais ombrages sont impénétrables aux rayons du soleil. En avançant, nous rencontrâmes une esplanade plantée de sycomores et ornée d'une fontaine mauresque. Quelques instants après, nous débouchons dans le désert, autrefois la magnifique plaine de Saron : *decor Carmeli et Saron!*

Cette plaine, qui s'étend à perte de vue, est bordée à l'est par les montagnes de la Judée, dont on aperçoit les sévères ondulations, et que nous traverserons demain. On dit que c'est dans cette plaine que Samson brûla, au moyen des trois cents renards, les moissons des Philistins. A deux lieues de la ville, nous laissons à notre droite un bois d'oliviers, où Bonaparte campa avec son armée en 1798. Nous marchons toujours. Aucun incident ne vient nous distraire de la monotonie de la plaine. Voilà bien, à une petite distance, deux gazelles qui folâtrent et s'ébattent sur les bords de la route; mais à notre approche elles prennent l'épouvante, et s'enfuient dans le désert. Nous suivons longtemps des yeux leur course capricieuse; mais enfin elles disparaissent dans la campagne.

De distance en distance, le long du chemin, nous rencontrons des postes de bachi-bouzous, établis, dit-on, pour la sécurité des pèlerins. Je ne sais trop si le but est atteint; on aurait bien quelques raisons d'en douter.

A sept heures nous arrivons à Ramlèh.

Ramlèh. — Avant d'entrer dans la ville, on aperçoit à droite, à quelque distance dans la campagne, des ruines qui paraissent considérables, et parmi lesquelles une tour, qui s'élève à une grande hauteur. L'heure avancée ne nous permit pas de les visiter. Selon la tradition, ces ruines seraient celles d'un couvent et d'un hôpital de templiers, destinés à recevoir les pèlerins de la terre sainte. La tour, sur le sommet de laquelle on monte par cent vingt marches, est de forme carrée, d'un grand style et bien conservée. En parcourant les décombres qui s'étendent fort loin, on trouve les restes d'une église souterraine à deux nefs, dans laquelle on descend par un long escalier.

Ramlèh, dont le nom veut dire *sable*, est une petite ville de 3,000 habitants, aux rues sales et tortueuses.

Le tiers de sa population est chrétien. Son commerce de coton filé et de savon lui donne quelque importance et un peu de vie.

On croit que Ramléh est l'ancienne Arimathie, patrie de ce Joseph, homme riche et courageux, qui ne craignit pas de demander à Pilate le corps de Jésus. Il l'obtint, et il eut l'honneur et le bonheur de l'ensevelir dans le tombeau qu'il avait fait creuser pour lui-même.

Fondé par Philippe le Bel, et restauré par Louis XIV, le couvent des franciscains, où les pèlerins descendent, est vaste et bien distribué. On montre la chambre qu'habita Bonaparte, lors de son expédition d'Égypte. Des terrasses du couvent la vue est fort belle, et s'étend sur toute la plaine du Saron. On remarque, dans une des cours intérieures, le beau palmier que Chateaubriand ne se lassait pas d'admirer. Nous y recevons une courte hospitalité. On nous réveille à minuit, et une heure après notre petite caravane se met en marche.

La nuit était obscure, et le ciel étoilé. Nous avancions, gardant instinctivement le silence, et n'éprouvant d'autre besoin que de nous souvenir et de prier... Vers trois heures du matin, nous atteignons le pied des montagnes que nous avions aperçues la veille, et nous entrons dans ces horribles gorges, dont nous ne devions sortir qu'aux portes de la ville sainte. Un cheval s'abattit; mais son cavalier, jeté à terre, ne

se fit aucun mal, et se releva aussitôt. Nous continuons. Le janissaire marchait à quelques pas devant
nous. Bientôt un cri strident retentit à nos oreilles. Il
y répond d'un ton ferme, et nous continuons notre
marche en avant. Alors défilent à côté de nous, dans
un silence profond et en bon ordre, d'abord, une
troupe de cavaliers armés de longues lances qu'ils
tiennent en arrêt, puis des mulets et des chameaux
portant les bagages des tentes, des objets de campe-
ment, des roues, des affûts d'artillerie de campagne,
en un mot, tout un matériel de guerre, puis des soldats en grand nombre, et après un certain intervalle,
une arrière-garde à cheval. L'obscurité de la nuit, la
gorge étroite de la montagne, ces hommes armés,
dont nous ne distinguons pas le costume et dont nous
ne connaissons pas le dessein, ce pays désert, souvent infesté par des bandes de voleurs arabes, tout
cet ensemble de choses ne laissait pas d'abord que
de nous impressionner assez vivement. Mais notre
émotion fut courte ; bientôt nous apprîmes que c'était
un corps de soldats turcs qui allaient combattre des
tribus arabes révoltées dans les environs de Gaza.

Nous continuons notre marche dans ces défilés
étroits, où le chemin n'est souvent que le lit d'un
torrent desséché, encombré de blocs énormes, ou
bien quelque sentier abrupt courant le long des pré-
cipices. Le jour arrive enfin, et nous voyons à droite,
à gauche, devant nous cette terre, autrefois la terre

promise, et qui aujourd'hui n'offre plus que l'aspect de la malédiction, dont elle porte partout l'empreinte. Des oliviers, quelques rares mûriers, des vignes plus rares encore, annoncent quelquefois la présence d'un village.

Tout le reste est désolé. Vous cherchez en vain le figuier, où le laboureur, au temps de la prospérité d'Israël, venait au milieu du jour chercher l'ombre et le repos. Ce sont partout les mêmes montagnes à pente douce, et s'élevant comme par gradins d'étage en étage, jusqu'à leur sommet. Ces étages existent encore aujourd'hui; mais la terre, n'étant plus retenue par les murs de soutenement que construisaient les cultivateurs, a été enlevée peu à peu par les eaux pluviales, et a laissé à découvert une roche aride; ou bien si le sol en quelque endroit n'est pas complétement dépouillé, vous n'y trouvez pourtant que des épines sèches et des plantes parasites, parce qu'aucune main laborieuse n'y porte la fertilité. Tel est l'aspect désolé que le voyageur a sous les yeux en approchant de la cité sainte.

A huit heures nous arrivons au village d'Abou-Gosch. C'est le nom de l'ancien cheik du village, brigand célèbre par les déprédations qu'il exerçait sur les caravanes et sur toutes les montagnes environnantes. Il est mort depuis quelques années. Ce lieu est désigné dans l'Écriture sous le nom de Karia-thiarim.

C'est là que l'arche d'alliance demeura pendant vingt-cinq ans, après que les Philistins l'eurent renvoyée au pays de Juda. On dit que ce village est la patrie du prophète Jérémie, et l'on y voit encore une église gothique qui porte son nom. Cette église, convertie, hélas! en écurie, date du temps des croisades. Elle est assez bien conservée. Elle se compose de trois nefs égales, terminées par trois absides, mais sans transept. Nous descendons la vallée, et nous voyons en face de nous une petite ville perchée, comme un nid d'aigle, sur le sommet escarpé d'une montagne. C'est Modin, ville natale des Machabées, qui sauvèrent Israël.

Nous continuâmes notre marche, sous les rayons d'un soleil déjà brûlant. A mesure que nous avançons, la nature s'attriste davantage, et prend un caractère de désolation de plus en plus accentué. La végétation s'éteint, la terre même a disparu. Nous marchons sur la roche vive, et nous sommes en présence d'un paysage de pierres nues et calcinées, sur lesquelles le soleil a imprimé sa couleur de feu. On reconnaît, on touche comme du doigt, l'accomplissement de la prophétie d'Isaïe : *Venient tibi duo hæc subitò, in die una, sterilitas et viduitas.* (Is. XLVII, 9.) Ces deux choses fondront sur toi en un seul jour, la solitude et la stérilité. L'accomplissement est littéral. Pendant que nous étions tout entiers à ces pensées, tout à coup une ville flanquée de murailles et de tours crénelées, au-dessus desquelles s'élèvent une énorme coupole et de nombreux minarets, se présente à nos regards.

C'est Jérusalem! Oh! que de souvenirs s'éveillent à la fois dans nos cœurs : Jérusalem, qui a vu la gloire de Salomon et son temple! Jérusalem, la déicide! Jérusalem, témoin des principaux mystères de notre rédemption! Comme elle est désolée!

Jérusalem. — Nous passons auprès des immenses constructions russes qui ont coûté cinq millions. Elles couvrent au nord-ouest, sur le seul côté par lequel la ville soit accessible, une partie de l'emplacement où campèrent l'armée de Titus et celle des croisés. Nous entrons ensuite par la porte de Jaffa, qu'occupe un poste de soldats turcs. Après avoir conduit au palais du patriarchat Mgr Vincent, et après avoir pris congé de lui, nous nous rendons au couvent de la *Flagellation;* les RR. PP. franciscains nous y reçoivent avec leur charité ordinaire, la *casa nuova* où descendent habituellement les pèlerins étant en réparation, ou, pour parler plus exactement, en reconstruction.

Le couvent de la Flagellation, donné par Ibrahim-Pacha aux pères de la terre sainte, et reconstruit depuis 1839, grâce aux libéralités du duc Maximilien de Bavière, est bâti sur le sol actuel, à quinze à dix-huit pieds au-dessus du sol ancien, sur l'emplacement du prétoire de Pilate. La chapelle de la *Flagellation*, construite sur le sol primitif, occupe exactement la place où Notre-Seigneur fut ignominieusement battu de verges, et commença à répandre ce sang divin qui devait sauver le monde. Pour y arriver, il faut descendre un escalier d'une vingtaine de marches. L'autel s'élève sur le lieu même de la colonne, et le prêtre qui y célèbre le saint sacrifice se tient précisément à la place qu'occupait pendant son cruel supplice Notre-Seigneur Jésus-Christ. Non loin de là, se trouvait l'escalier de marbre blanc, connu sous le nom de *scala sancta*, qui conduisait au prétoire. Pendant sa passion, Notre-Seigneur en gravit trois fois les vingt-huit degrés, et les arrosa de son sang. Par ordre de Constantin, la *scala sancta* fut transportée à Rome, où elle est placée près de la basilique de Saint-Jean-de-Latran. Les pieux pèlerins la montent à genoux, et les marches primitives sont tellement usées, qu'il a fallu les recouvrir d'épais madriers, que plusieurs fois déjà on a dû renouveler. C'est au couvent de la Flagellation que commence la voie Douloureuse. Nous la suivîmes pour nous rendre au saint sépulcre, que nous voulions visiter tout d'abord.

Voie Douloureuse. — Laissant donc à droite le beau

couvent des dames de Sion, nous arrivâmes à l'arcade de l'*Ecce homo*, où Notre-Seigneur fut montré au peuple par Pilate. Cette galerie appartient à un musulman. Le grand arc ogival, et la construction qu'il supporte, sont d'origine moderne; mais les pieds-droits et le commencement de l'archivolte sont d'architecture romaine.

Arrivés au bout de la rue, tournant à gauche, nous vîmes une colonne de marbre rouge renversée et brisée, qui indique l'endroit où la sainte victime tomba pour la première fois. Plusieurs pensent que ce fut en ce lieu que Simon de Cyrène, qui revenait des champs, fut contraint par les Juifs à porter la croix du Sauveur. Quinze pas plus loin, une petite rue venant du quartier du temple et du palais proconsulaire, et débouchant sur la voie Douloureuse, indique le lieu où la sainte Vierge rencontra son divin fils. A une faible distance, au fond d'une impasse, on montre une vieille maison, facilement reconnaissable aux pierres blanches, noires et rouges dont elle est construite; c'est, dit-on, la maison du mauvais riche, aujourd'hui transformée en un hôpital militaire. La rue tourne alors à droite, et une pierre fortement entaillée indique la seconde chute du Sauveur.

A partir de ce lieu, on commence à gravir la pente du Calvaire. En suivant toujours, on remarque la maison de sainte Véronique, près de la porte Judiciaire, une colonne de pierre grise indiquant la dernière chute du Sauveur, et un peu plus loin, le lieu où il rencontra et consola les saintes femmes. On passe alors sous une sombre voûte, et l'on aperçoit, engagée dans un mur, la colonne sur laquelle fut affichée la sentence de mort.

Mais la ville s'est agrandie de ce côté, et, les maisons couvrant ici la voie Douloureuse, toutes les traces ont disparu; aussi c'est à l'église peu éloignée du saint sépulcre qu'il faut aller terminer le chemin de la croix.

Église du Saint-Sépulcre. — Cette église renferme dans son vaste périmètre le sommet du Golgotha et le tombeau du Sauveur. Nous étions au samedi 15 septembre. Ce jour-là, l'église était ouverte. Nous traversons une cour carrée, pavée de larges dalles blanches, et nous entrons. Mais quelle n'est pas notre douleur, en voyant la profanation assise à la porte du sanctuaire, dans la personne de deux Turcs nonchalamment étendus sur des tapis, buvant le café et fumant le chibouk! La garde de ce sanctuaire, le plus vénérable du monde, et qu'ils n'ouvrent que moyennant finance, rapporte au trésor environ cent mille francs chaque année.

Mais passons outre, nous serons encore témoins de plus tristes spectacles. Nous traversons la basilique,

et nous arrivons à la chapelle latine. Cette chapelle
dite de l'*Apparition*, et consacrée à la sainte Vierge,
est le sanctuaire où les PP. franciscains célèbrent
leur office. L'autel porte le nom d'autel de l'*Appari-*
tion, parce qu'on croit que ce fut au lieu qu'il occupe que Notre-Seigneur, après sa résurrection,
apparut à sa sainte mère. Tous les jours après com-
plies, vers quatre heures, les PP. de terre sainte
vont processionnellement visiter les saints lieux. On
nous donne à chacun un cierge de cire blanche, mar-
qué aux armes de la terre sainte, avec un livret renfermant les admirables prières qu'on chante à chaque station, et nous nous mettons en marche. La
procession part du sanctuaire des franciscains, situé
à l'extrémité de la nef latérale gauche.

La première station où elle s'arrête est la chapelle
de la *Prison*, grotte obscure de quelques pieds de superficie, où Notre-Seigneur fut déposé, pendant qu'on
faisait les derniers apprêts de son supplice. On voit
encore l'échancrure du rocher où ses pieds adorables
furent engagés et mis aux entraves. Cette chapelle,
qui appartenait autrefois aux Géorgiens, est devenue
la propriété des Grecs. On passe ensuite, mais sans
s'y arrêter, devant la chapelle dite de Saint-Longin,
qui est l'endroit où ce saint fit pénitence. Il alla mourir
en Cappadoce. La tradition rapporte que le soldat
Longin frappa avec tant de force le cœur sacré du
Sauveur, que l'eau et le sang jaillirent sur son visage,

et qu'à l'instant même il fut guéri d'un mal d'yeux dont il souffrait depuis longtemps. Ce miracle de miséricorde détermina sa conversion. La sainte lance est conservée à Rome.

La procession s'arrête ensuite douze pas plus loin, à la chapelle de la *Division des vêtements.* Elle termine l'abside. C'est en ce lieu que les soldats partagèrent les vêtements de la sainte victime, et jetèrent le sort sur sa robe sans couture.

La troisième station nous conduit à la chapelle de *Sainte-Hélène.* On y descend par un escalier fort roide de vingt-huit marches, en partie taillées dans le roc. Elle renferme deux autels, l'un dédié à la sainte impératrice, et l'autre au bon larron. Elle appartient aux Arméniens. Des lampes et des œufs d'autruche suspendus à la voûte en font le principal ornement. On montre encore, à l'angle sud-est, la petite ouverture où se tenait la sainte, pour diriger les travailleurs qui cherchaient la croix et les autres instruments de la passion. Treize autres marches nous font descendre dans la chapelle dite de l'*Invention de la sainte croix.* Elle est la propriété des Latins. Cette grotte considérable, qui peut contenir soixante à soixante-dix personnes, est formée tout entière par une immense anfractuosité de rocher, dans laquelle on trouva tous les instruments qui avaient servi au supplice de Notre-Seigneur.

Après avoir remonté les deux escaliers, et fait une

station dans la chapelle dite des *Impropères*, où le
Sauveur fut couronné d'épines et souffleté de nouveau, on s'engage dans la nef latérale droite, qui
n'est qu'une sorte de galerie obscure, et l'on arrive
au pied d'un escalier de marbre blanc de dix-huit
marches. Quand on les a franchies, on est sur le Calvaire. Le sommet du Calvaire est une plate-forme,
assise sur les rochers, et mesurant une superficie d'environ quinze mètres carrés. Deux autels magnifiques,
séparés par une grande arcade de marbre blanc, sont
placés au fond de l'enceinte. Quantité de lampes,
d'argent et de vermeil, brûlent nuit et jour dans ce
lieu sacré.

Le premier de ces autels, celui de droite, dit de
la *Crucifixion*, parce qu'il est élevé au lieu même où
la sainte victime fut attachée à la croix, appartient
aux Latins; l'autre, celui du Calvaire proprement dit,
est la propriété des Grecs.

Faisons ici une petite halte. Le cœur surabonde de
pieux sentiments. Les larmes coulent en secret... La
foi se ranime, et l'on ne peut que répéter avec
l'Apôtre : *Dilexit me, et tradidit semetipsum pro me!*
Il m'a aimé, et il s'est livré pour moi! L'homme sent
là qu'il a été beaucoup aimé, et qu'à son tour il
doit aimer beaucoup.

Sous la table de l'autel du Calvaire, on peut, en se
baissant, plonger la main dans le trou creusé dans
le rocher où la croix fut plantée. C'est là qu'élevé

entre le ciel et la terre, les bras étendus vers l'occident, l'Homme-Dieu, mourant sur la croix, réconciliait le monde en sa personne adorable : *Mundum reconcilians sibi*.

Couverte par un grillage d'argent, on peut, à l'aide d'un flambeau, apercevoir la fente du rocher qui s'ouvrit à la mort du Sauveur. Deux fois j'ai célébré la sainte messe sur l'autel de la *Crucifixion*; l'autre, hélas! ne nous appartient plus, et il nous est interdit. J'eus aussi le bonheur de conférer, sur le Calvaire, le sacrement de pénitence, et de prononcer les paroles du pardon sur le théâtre même des excès de la miséricorde du Fils de Dieu pour nous.

Mais revenons à notre pieux cortége. Nous descendons les dix-huit marches du Calvaire, et nous passons devant la chapelle d'Adam, étroite et sombre voûte, creusée sous le Golgotha, et où la tradition place le tombeau du premier homme. A l'entrée s'offrent deux modestes mausolées; ce sont ceux de Godefroi de Bouillon et de Baudouin, son frère. Mais ils sont vides, les Grecs ayant, assure-t-on, profité du grand incendie de 1808 pour jeter au vent ces cendres illustres, que les Turcs mêmes avaient respectées. Quelques pas plus loin, nous voilà près de la porte d'entrée, en face d'une pierre de marbre rouge, presque au niveau du sol, et mesurant deux mètres de longueur sur cinquante centimètres de largeur. Au-dessus brûlent quatorze magnifiques lampes

de porcelaine. C'est la pierre dite de l'*Onction,* qui
recouvre le rocher sur lequel fut embaumé le corps
de Jésus. Elle appartient en commun aux Latins, aux
Grecs et aux Arméniens. Un peu à gauche, un cercle
de marbre tracé sur le dallage indique le lieu où se
tenaient la vierge Marie et les saintes femmes pendant
l'opération de l'embaumement. En avançant un peu
plus sur la droite, on trouve au centre de la grande
coupole le saint sépulcre, devenu glorieux par la
résurrection de Celui qu'il a possédé pendant trois
jours. Ce monument magnifique, autour duquel une
multitude de lampes brûlent sans cesse, est entièrement isolé du reste de l'édifice. Il est de forme pen-
tagonale, et entouré d'un revêtement de marbre blanc
et jaune. Il mesure huit mètres de longueur sur une
largeur de cinq mètres cinquante centimètres. Il se
compose d'une double grotte. Au centre de la première, appelée *chapelle de l'Ange,* plus spacieuse
que la seconde, et qui lui sert de vestibule, on voit
un fragment de rocher qui repose sur un support de
marbre blanc. Ce fragment provient du bloc qui se
trouvait à l'entrée du sépulcre, et sur lequel était
assis l'ange qui dit aux saintes femmes : « Il est res-
suscité, il n'est plus ici ! » Au fond de cette grotte
s'ouvre une petite porte ogivale de marbre blanc
ayant à peu près quatre pieds d'élévation, et par
laquelle on n'entre qu'en se pliant en deux. Ce seuil
franchi, vous êtes dans le saint sépulcre, dans le lieu

le plus auguste, le plus vénérable du monde. On ne saurait exprimer l'impression de respect dont on est saisi en y entrant.

Le saint sépulcre est placé à droite de l'entrée. L'enceinte est très-étroite, et n'a guère que deux mètres carrés. Cinq personnes peuvent à peine se tenir debout ou s'agenouiller devant le saint tombeau. Des dalles de marbre blanc dérobent aux regards et à la piété, peut-être indiscrète, des pèlerins le rocher où il a été creusé. Deux tableaux et quarante-deux lampes d'or et d'argent ornent ce sanctuaire vénérable. C'est là! c'est là! on ne peut penser ni dire autre chose. Quel lieu! quel souvenir! J'ai eu l'inestimable bonheur d'y célébrer une fois le saint sacrifice. C'est une heure dans la vie, grande et sainte entre toutes, qui laisse dans l'âme une impression profonde et d'impérissables souvenirs. Nous baisâmes à plusieurs reprises la pierre sacrée; puis, continuant notre pieuse visite, nous allâmes nous agenouiller à quelques pas de là, dans un grand cercle de marbre rouge qui indique l'endroit de l'apparition de Notre-Seigneur à Marie Madeleine. Enfin nous rentrâmes avec la procession dans la chapelle des franciscains. Là on nous fit placer au milieu du chœur, et l'on nous encensa trois fois, cérémonie qui se pratique à l'égard des chrétiens qui font pour la première fois le pèlerinage de la terre sainte. Nous nous séparâmes ensuite pour nous livrer à notre dévotion, chacun selon son attrait.

L'église du Saint-Sépulcre est une église à trois nefs. La plus grande appartient aux Grecs schismatiques, qui l'ont richement ornée, mais sans goût. Autour de ce sanctuaire se trouvaient les tombeaux de tous les membres de la dynastie latine de Jérusalem. Ils ont été profanés, comme ceux de Godefroi de Bouillon et de Baudouin. Derrière le monument du saint sépulcre, dans l'épaisseur du mur de la rotonde, on visite le tombeau de Joseph d'Arimathie et de Nicodème, creusés dans le roc, et portant les caractères évidents d'une haute antiquité.

Telle est l'église du Saint-Sépulcre. L'empereur Constantin eut le premier la pensée d'enfermer dans une même enceinte les lieux où s'étaient accomplies les principales scènes de la passion du Sauveur. La basilique qu'il éleva, moins grande que celle d'aujourd'hui, fut rasée en 614 par Chosroès, roi des Perses. Grâce à l'intervention de sa femme, chrétienne et sœur de l'empereur Maurice, Modeste, patriarche de Jérusalem, put sinon la rétablir dans ses anciennes et vastes proportions, du moins protéger, par un édifice spécial, chacun des quatre sanctuaires, en vénération parmi les chrétiens. Le calife Omar, s'étant emparé de la ville sainte (639), en respecta les différents sanctuaires.

L'édifice du Saint-Sépulcre fut de nouveau détruit

par l'ordre du calife Hakem, le Néron de l'Égypte. Il fut de nouveau relevé de ses ruines, en 1048, par les Grecs, qui conservèrent le plan primitif. Les croisés achevèrent l'édifice (1130), tel qu'il est aujourd'hui.

Le 12 octobre 1808, un violent incendie endommagea une partie de la rotonde, du Calvaire, et plusieurs sanctuaires arméniens. Mais ces désastres ont été réparés. Tour à tour pris ou repris par les chrétiens ou les Turcs, le saint sépulcre a été plusieurs fois inondé de sang humain.

Avant de le quitter, disons comment chaque année les Grecs le profanent, à l'occasion de la cérémonie ou plutôt de la supercherie du feu sacré. Elle a lieu le samedi saint. Ce jour-là, des milliers d'Abyssins, de Cophtes, de Grecs et d'Arméniens, se pressent autour du saint tombeau, attendant avec une fiévreuse impatience le feu nouveau. Le patriarche grec entre dans le saint sépulcre, dont on ferme hermétiquement l'entrée. Il attend qu'un ange du ciel vienne lui apporter le feu sacré. Lorsqu'il l'a reçu, il présente au peuple, par une petite ouverture pratiquée dans la muraille, un faisceau de cierges allumés. C'est le signal du désordre. Aussitôt chacun se précipite pour allumer le premier le cierge qu'il tient à la main. On se pousse, on se heurte, on se bat, on s'étouffe, et la milice turque préposée au maintien de l'ordre est quelquefois impuissante, au milieu de la fureur énthousiaste dont la foule est saisie, à empêcher les plus graves accidents. C'est ainsi qu'en 1834 près de quatre cents cadavres restèrent sur la place, victimes de ces affreuses saturnales.

Après le saint sépulcre, le monument le plus important de Jérusalem est la mosquée d'Omar.

Mosquée d'Omar.— La mosquée de Médine et l'illustre Kaaba de la Mecque exceptées, le temple d'Omar est pour le musulman le lieu le plus saint de la terre. Son véritable nom est *El-Koubbet-es-Sakhra,* c'est-à-dire la coupole du rocher.

La mosquée d'Omar est bâtie sur l'emplacement du temple de Salomon. On sait que ce temple occupait le sommet aplani du mont Moriah, situé à l'est de Jérusalem, vis-à-vis de la montagne des Oliviers, dont il n'est séparé que par la vallée de Josaphat et le torrent de Cédron.

Confiée à une troupe de Nubiens féroces, naguère encore l'entrée en était interdite sous peine de mort aux chrétiens. Mais, depuis la guerre de Crimée, le fanatisme musulman s'est beaucoup adouci, et, l'or exerçant sur lui un prestige irrésistible, il est permis aujourd'hui de visiter la célèbre mosquée, en payant une douzaine de francs.

Bâtie au milieu d'une vaste esplanade plantée de cyprès, la mosquée d'Omar est de forme octogone, revêtue à l'extérieur de briques peintes en bleu et bariolées d'arabesques. Au centre de l'édifice s'élève au-dessus du sol, recouvert par la coupole, un vaste rocher plat, dont la superficie nue, inégale, tourmentée, contraste avec les marbres et les dorures qui l'environnent. La roche est entourée d'une balustrade artistement travaillée et surmontée d'un riche baldaquin. Ce rocher s'appelle *Sakhra*. Il forme le sommet du Moriah, et présente un vaste périmètre. Ici encore les souvenirs se présentent en foule, et attachent à ce lieu le plus haut comme le plus légitime intérêt.

C'est sur ce rocher, selon les traditions, qu'Abraham sacrifia son fils Isaac, que Jacob prit son mystérieux sommeil, et que l'arche d'alliance reposa si longtemps. Il fut pendant plus de dix siècles le seul point de l'univers où le vrai Dieu reçût un culte public. C'est aussi dans ce lieu que Notre-Seigneur pria et prêcha tant de fois. On nous fit descendre dans une caverne pratiquée sous la roche, et destinée, assurent les savants, à recevoir le sang des victimes qu'on immolait au Seigneur. On croit que c'est encore dans ce lieu que les Juifs présentèrent à Jésus la femme adultère, et qu'il leur fit entendre cette belle parole, si pleine d'enseignement et de miséricorde : « Que celui d'entre vous qui est sans péché lui jette la première pierre. »

La mosquée d'Omar, dont la coupole intérieure est

recouverte de dorures, renferme aussi de fort beaux marbres, des colonnes de vert antique à chapiteaux byzantins, tirés, comme il est aisé de s'en apercevoir, de divers monuments.

De la mosquée d'Omar, on nous conduisit dans celle d'El-Aksa. C'est l'ancienne basilique de *Sainte-Marie* ou de la *Présentation*, ainsi appelée parce qu'elle est bâtie sur les anciens parvis, où la sainte Vierge, âgée de trois ans, fut présentée par ses parents au grand prêtre, et consacrée au Seigneur. Œuvre de Justinien, elle est remarquable par ses sept nefs, la multitude de ses colonnes, et les belles dorures de sa coupole. A quelques pas de là, et attenant à cet édifice, se trouvent la salle d'armes des chevaliers du Temple, et quelques restes d'anciennes constructions. Sous le règne des Sarrasins, l'église de la Présentation, avec les bâtiments qui l'environnent, formait une espèce de citadelle. Elle opposa aux efforts des chrétiens la résistance la plus opiniâtre. Sa prise fit couler des flots de sang humain. Nous nous rendîmes ensuite à la muraille d'enceinte, qui couronne le mont Moriah. On nous fit voir une colonne qui mérite ici une mention.

D'après les Turcs, de cette colonne part un pont suspendu, qui traverse la vallée de Josaphat, et aboutit à la montagne des Oliviers. Ce pont ne peut être aperçu que des vrais croyants, parce que sa largeur est celle du tranchant d'un rasoir. A la fin du

monde, chaque Turc devra traverser ce pont. Ceux
qui auront bien vécu, soutenus par leurs bons anges,
le traverseront sans difficulté, et seront admis au
paradis de Mahomet; quant à ceux qui auront mal
vécu, leurs bons anges ne leur donnant pas la main,
ils tomberont dans le torrent, où ils resteront toujours.

En avançant, nous vîmes un portique qui n'avait
rien de curieux. A ce portique est suspendue une
balance mystérieuse, aperçue, comme le pont, par les
seuls vrais croyants. Ils voient de quel côté penchent
leurs actions bonnes et mauvaises; si celles-ci l'em-
portent, ils se réforment d'après cette prétendue
vision.

Nous nous arrêtâmes ensuite devant la *porte Dorée*,
composée d'un double arceau à plein cintre, et très-
richement décorée. C'est par cette porte, qui regarde
le mont des Oliviers, que Notre-Seigneur fit son
entrée triomphale à Jérusalem. Sa belle architecture
accuse une haute antiquité. D'après la tradition juive,
le soubassement d'un mur situé vis-à-vis, et faisant
partie de la grande enceinte qui entoure l'esplanade
de la mosquée d'Omar, appartiendrait à l'ancien mur
extérieur du temple de Salomon. Ce lieu est appelé
la *Place des pleurs*. Tournés vers ces débris, la main
appuyée sur ces ruines, les Juifs viennent pleurer
tous les vendredis. Ils récitent les lamentations de
Jérémie, entremêlant leurs prières de cris et de

sanglots. C'est un navrant spectacle. Maintenant sortons de Jérusalem. Nous avons à faire hors de ses murs deux excursions aussi pieuses qu'intéressantes. Il nous faut visiter le mont des Oliviers et Bethléhem, la cité de David.

Mont des Oliviers. — Partant du couvent de la Flagellation, nous nous dirigeons vers la porte Saint-Étienne. Nous passons devant l'église Sainte-Anne. Jetons-y un regard. Cette église, donnée à la France par le gouvernement turc après la guerre de Crimée, est bâtie, selon une tradition autorisée, sur l'emplacement même de la maison de saint Joachim et de sainte Anne. L'église est de style gothique, à trois nefs; chacune de ces nefs se termine par une abside, laquelle s'appuie immédiatement sur le transept. On croit que la sainte Vierge y vint au monde, et l'on vénère la grotte, située sous une partie du chœur, où s'opéra cette naissance bénie. Les réparations qu'y fait faire le gouvernement français, et qui sont menées fort lentement et à grands frais, rendront un jour à ce précieux sanctuaire son antique splendeur. On se demandait déjà à qui la garde en serait confiée. La question, je crois, est encore indécise.

Continuons. Nous traversons la voûte de la porte Saint-Étienne, et nous descendons les pentes rapides du Moriah, séparé par le torrent de Cédron du mont des Oliviers. Cette vallée est une véritable nécropole. Des générations y sont ensevelies. Une multitude de pierres tombales, portant des inscriptions hébraïques et turques, en recouvrent les deux versants.

A mi-côte, on nous montra une petite esplanade où l'on assure, d'après une tradition du reste très-contestable, que saint Étienne fut lapidé.

Nous traversâmes, sur un petit pont de pierre d'une seule arche, le lit desséché du torrent de Cédron. Nous y descendîmes pour vénérer le rocher sur lequel tomba le Sauveur en traversant le torrent, la nuit de sa passion. Prenant alors à gauche, nous arrivons à une crypte profonde, depuis longtemps transformée en église, et appartenant aux Grecs. Le style du monument est gothique. Il remonte au temps des croisés. Godefroi de Bouillon y avait annexé un couvent de bénédictins, que Saladin fit détruire, tout en conservant le sanctuaire de la sainte Vierge, pour laquelle les Turcs professent une vénération profonde. Nous descendîmes un escalier de quarante-neuf marches, et nous arrivâmes dans la nef, au milieu de laquelle est placé le tombeau de Marie. Le monument, séparé et isolé de la masse du rocher, est modeste. Des cierges et des lampes y sont constamment allumés. En remontant l'escalier, on rencontre, à droite, une chapelle où la tradition place la tombe de saint Joseph. A quelques marches plus haut, à droite et à gauche, deux autres chapelles renferment les tombeaux de saint Joachim et de sainte Anne. Au sortir de ce monument, nous nous engageâmes dans un petit couloir taillé dans le roc et terminé par une porte basse. Il conduit à la *grotte de l'Agonie.* Cette grotte est spacieuse et élevée. Elle pourrait contenir deux cents personnes. Deux autels y ont été placés. Le principal occupe un petit enfoncement, qui se trouve à l'extrémité de la crypte, dans l'endroit le plus retiré, où l'on suppose que Notre-Seigneur pria pendant les trois heures de sa cruelle agonie. Ce lieu, vénérable entre tous, n'a subi aucune altération. On lui a laissé sa nudité première et sa physionomie originelle. On est saisi, en y entrant, d'une impression extraordinaire. Il me fut permis d'y célébrer deux fois la sainte messe, et de faire descendre la sainte victime dans ce lieu sacré où elle pleura nos crimes par tous les membres de son corps et avec des larmes de sang : *Toto corpore flevit.*

A la distance d'un jet de pierre, au bas du mont des Oliviers, presque sur le bord du torrent de Cédron, nous visitâmes le jardin de Gethsémani. Il consiste actuellement en un enclos carré, entouré de murs et renfermant huit des oliviers les plus vieux de la montagne. On les dit contemporains de Notre-Seigneur. Ils ne vivent plus, du reste, que par l'écorce. Rien n'oblige à limiter à ce terrain l'ancien jardin de

Gethsémani. Les lieux voisins sont aussi couverts de vieux oliviers. Le jardin actuel est très-bien entretenu. Des allées droites et sablées, des parterres de fleurs et d'arbustes, reposent l'œil attristé du spectacle de la désolation et de l'aridité qui l'environne.

Avant d'entrer dans le jardin, on nous fit remarquer les rochers plats et horizontaux où dormirent les apôtres pendant l'agonie de Notre-Seigneur. Trente mètres plus loin, une borne placée dans un petit mur qui termine une étroite impasse indique le lieu où Judas trahit son maître par un baiser, et le livra à ses ennemis.

Le mont des Oliviers, comme celui de Sion, n'est plus qu'un grand et précieux souvenir. Un groupe de maisons et un minaret écrasé, entouré de quelques vieux oliviers, se dessinent à son sommet. La mosquée renferme la roche de couleur blanche et jaune, sur laquelle Notre-Seigneur laissa l'empreinte de son pied avant de monter au ciel. En donnant un bakchis, on peut aisément s'en faire ouvrir la porte ; et là, aussi bien qu'au cénacle et dans tous les principaux lieux saints, en récitant un *Pater* et un *Ave*, on gagne l'indulgence plénière. Mais qu'il est humiliant et dur pour un chrétien d'être obligé de s'agenouiller dans la mosquée d'un mécréant !

Autrefois l'impératrice sainte Hélène avait bâti une basilique en cet endroit, pour conserver à la piété des fidèles ce souvenir chrétien, si plein de consolation et d'espérance. Il fut rasé, et remplacé par différents sanctuaires qui subirent successivement le même sort. Le monument actuel, dans lequel on peut dire la messe le jour de l'Ascension, est un édifice octogone dont l'architecture romane paraît accuser la fin du XIIᵉ et le commencement du XIIIᵉ siècle. Tout près de l'église et sous les murs de l'ancien couvent, est une grotte qui, selon la tradition, aurait été l'asile et le tombeau de sainte Pélagie. Un escalier de quinze marches y conduit. On y voit un sarcophage monolithe. C'est là que la célèbre comédienne d'Antioche vint, après sa conversion, expier ses égarements et ses crimes.

La montagne des Oliviers a trois sommets. Le plus élevé est celui du milieu. Celui du nord a reçu le nom de *Viri Galilœi,* apparemment parce que les habitants de Galilée y plantaient leurs tentes quand ils venaient à Jérusalem.

Le sommet du midi s'appelle le mont de l'*Offense* ou du *Scandale,* parce que Salomon y fit bâtir des temples aux divinités de ses femmes. Ce lieu est couvert de ruines.

Du haut du mont des Oliviers, la vue est magnifique. Au couchant, se présentent la vallée de Josaphat et le torrent de Cédron; au-dessus se dresse le mont Moriah, couronné par la muraille qui enserre Jérusalem dans les plis de son vaste périmètre. Puis la ville sainte apparaît avec ses minarets, ses mos-

quées et ses coupoles, baignés dans les flots d'une
lumière si transparente, qu'on en voit distinctement
et qu'on en pourrait compter les maisons. Au midi,
l'œil suit toutes les sinuosités de la vallée de Josaphat jusqu'à son point de jonction avec la vallée de
Hinnon et de Tyropœon.

Vers l'orient, on aperçoit le village de Béthanie,
et la route qui descend, en courant sur le flanc des
montagnes, de Jérusalem à Jéricho. Puis l'œil, passant par-dessus des monts aplatis et arides, plonge
dans le bassin brûlé de la mer Morte, laquelle, sous
l'action d'un soleil ardent, apparaît comme une plaine
de métal en fusion. On distingue aussi le cours du
Jourdain, avec ses ondulations dessinées par la ligne
de verdure que ses eaux entretiennent. La chaîne
bleuâtre et bizarrement découpée des montagnes de
Galaad, d'Ammon et de Moab, aux flancs desquelles
se jouent de merveilleux effets de lumière, se déroule au delà du fleuve, et termine admirablement
cet incomparable tableau. On attache sans se lasser
ses regards sur ce saisissant spectacle, et sur ces
lieux si célèbres dans l'histoire du monde.

Mais reprenons notre excursion. En marchant en
avant, et en descendant la pente orientale du mont
des Oliviers, on traverse l'emplacement qu'occupait
le petit village de *Bethphagé* (maison des figues).
On croit que c'est proche de ce village, et au bord
du chemin, que Jésus frappa de stérilité le figuier

sur lequel il ne trouva pas de fruit. Bethphagé a complétement disparu, il n'en reste aucune trace.

Nous poursuivîmes encore pendant un quart d'heure notre marche dans la même direction, et nous arrivâmes à Béthanie (maison d'obéissance ou maison de deuil), village habité par des Arabes fanatiques. Ce lieu est à jamais célèbre par la résurrection de Lazare. Nous pûmes sans difficulté visiter son tombeau. C'est une sombre caverne, creusée dans le roc, que les chrétiens transformèrent autrefois en chapelle, comme plusieurs vestiges le prouvent d'une manière incontestable. On y descend par un escalier de quelques marches. L'obscurité qui vous environne imprime dans l'âme un respect religieux, mêlé d'une secrète terreur, au souvenir du miracle qui s'opéra dans ce lieu. On croit entendre retentir sous cette voûte le cri de Notre-Seigneur, cri de puissance et de miséricorde : *Lazare, veni foras*, et voir le mort se dresser dans sa tombe, entouré de bandelettes et de voiles funèbres.

Mais revenons à Jérusalem, en rentrant par la porte de Jaffa, opposée à celle de Saint-Étienne, par laquelle nous sommes sortis. Retournant sur nos pas, nous commençons à descendre le versant occidental du mont des Oliviers. Ici les souvenirs se pressent en foule, on ne peut que les mentionner. Voilà le lieu où Notre-Seigneur enseigna pour la seconde fois aux apôtres l'Oraison dominicale; plus loin, celui où ils

composèrent le Symbole. Ici nous entrons dans le
tombeau des Prophètes, vaste nécropole souterraine,
creusée dans le flanc de la montagne. Un peu plus
bas se présente à nos regards celui d'Absalon, monument monolithe, qui porte les caractères d'une haute
antiquité.

Inclinant alors vers le sud, après avoir de nouveau
traversé le torrent de Cédron, nous voyons la fontaine dite de la *Vierge*. Elle consiste en une profonde
excavation taillée dans le rocher. Un escalier de
trente marches y conduit. On croit que, lorsque la
sainte Vierge habitait Jérusalem, elle y venait souvent puiser de l'eau. Reçue par un canal souterrain,
cette eau se rend, après bien des détours, au lieu où
la vallée de Josaphat et celle de Tyropœon se réu-
nissent, et elle y forme la célèbre fontaine de Siloë.
Nous y trouvons des femmes arabes d'un village voisin qui viennent chercher de l'eau dans des outres.
Elles les portent sur l'épaule, sur la tête, ou bien elles
en chargent le dos d'un âne. Cette eau, sans fraîcheur,
est jaunâtre et troublée. A quelques centaines de
mètres plus loin, elle sort d'un réservoir rectangu-
laire qu'elle remplit, pour arroser de verdoyants
potagers, lesquels occupent précisément la place des
anciens *Jardins du Roi*, dont parle le prophète
Néhémie, et font un agréable contraste avec la stérilité qui les environne. A l'extrémité de ces jardins,
on nous arrête devant un vieux mûrier. Il indique la

place où le plus sublime des prophètes, Isaïe, fut scié en deux, par l'ordre du roi impie Manassé. En continuant notre marche, nous arrivons bientôt au puits de Néhémie, qui marquait la limite des tribus de Judas et de Benjamin, et où, si l'on en croit la tradition, le prophète retrouva le feu sacré que les prêtres y avaient caché en partant pour la captivité de Babylone.

Alors, laissant à gauche le mont du *Scandale*, nous traversons la vallée de Géhenne, qui contourne, au sud de la ville sainte, le pied de la montagne de Sion. Cette vallée est célèbre par les abominables sacrifices qu'on y offrait à Baal et à Moloch. Nous commençons alors à gravir le mont du *Mauvais Conseil*, situé en face de celui de Sion. Sur son sommet, un village occupe l'emplacement de la maison de campagne du grand prêtre Caïphe, où la mort du Sauveur fut résolue, dans une assemblée de scribes et de pharisiens qu'il y avait convoquée.

Les flancs de cette montagne sont percés par un nombre considérable de cavernes funéraires, parmi lesquelles on en visite une plus spacieuse que les autres. Elle porte le nom de *Tombeau des apôtres*, parce que les apôtres y seraient demeurés cachés pendant la passion du Sauveur. En avançant toujours vers l'ouest, du côté de la porte de Jaffa, on peut apercevoir, sur la cime du mont Sion, un gros pâté de maisons turques. Un vilain minaret surmonte une petite mosquée. C'est l'emplacement du cénacle. Il ne reste rien de l'ancien édifice, et l'église bâtie sur ses ruines a été convertie en temple musulman.

. Mais achevons cette longue excursion. En nous élevant sur le mont du Mauvais Conseil nous rencontrons une construction délabrée, qui a retenu le nom de *Haceldama* (le Champ du sang). Ce champ, en effet, selon une très-ancienne et très-respectable tradition, est le *Champ du potier,* qui fut acheté au moyen des trente deniers, prix de la trahison du perfide Judas. Le bâtiment, terminé par une plate-forme, s'élève à pic sur le rocher. Il est percé de plusieurs fenêtres. A travers ces ouvertures, l'œil plonge sur des monceaux d'ossements humains, et aperçoit plusieurs caveaux funéraires. On longe alors la vallée de Hinnon, au sud de la ville sainte, et l'on arrive promptement à la plus grande des piscines de Jérusalem, construite, dit-on, par Salomon. C'est un immense parallélogramme de cent quatre-vingts mètres de long, sur soixante-dix-huit de large. Depuis longtemps elle est abandonnée et constamment à sec. Selon la tradition, ce serait au bord de cette piscine qu'Isaïe aurait fait la prophétie célèbre : *Ecce, Virgo concipiet et pariet filium.* « Voilà qu'une Vierge concevra et enfantera un fils. » Nous rentrons dans la ville par la porte de Jaffa, en passant près d'une élégante tourelle, appelée la *tour de Marianne.*

Achevons ce que nous avons à dire de la ville sainte, en ajoutant que le patriarche latin, Mgr Valerga, fait bâtir en ce moment, près de son palais, une église gothique à trois nefs, qui doit servir de cathédrale, et qui promet d'être fort belle. Non loin de là se trouve le couvent de Saint-Sauveur, principal établissement des pères de la terre sainte à Jérusalem, et habité par soixante religieux. Ils font l'école à une centaine de petits garçons. Le couvent est peu éloigné de la *Casa Nuova*, belle et vaste maison, en réparation alors, et où les bons pères donnent aux nombreux pèlerins une généreuse et cordiale hospitalité. Il faut mentionner aussi le bel établissement des dames de Sion, fondées, il y a quelques années, pour la conversion et l'éducation des jeunes filles juives. Elles y dirigent un orphelinat florissant.

Bethléem. — Un des plus pieux et des plus touchants pèlerinages que l'on puisse faire est celui de Bethléem. Cette ville est située à environ deux lieues au sud de Jérusalem. Deux heures suffisent pour s'y rendre.

Le lundi 17 septembre, à cinq heures du matin, nous sortons par la porte de Jaffa. Nous laissons, à droite, les immenses constructions russes déjà mentionnées, et nous gravissons les pentes de la vallée de Hinnon. Bientôt nous apercevons, éclairées par les premiers rayons du soleil, la mer Morte, les âpres montagnes de Moab, qui lui servent comme d'encadrement, et nous ne tardons pas à déboucher dans

la plaine de *Réphaïm*. Cette plaine, assez bien cultivée, est devenue célèbre par la victoire que David
y remporta sur les Philistins. A deux milles de la ville,
nous laissons à droite, au milieu de la campagne, des
ruines et une citerne. On croit que ces ruines, qu'on
appelle la *Tour de saint Siméon*, occupent l'emplacement de la maison de ce saint vieillard, qui eut l'in-
signe bonheur de contempler de ses yeux et de porter
dans ses bras le divin enfant Jésus. On montre, un peu
plus loin, le lieu où la sainte famille se reposa; le
Puits des trois Rois, ainsi appelé parce qu'en cet endroit l'étoile miraculeuse qui avait guidé les Mages
leur apparut de nouveau; le rocher sur lequel Jérémie, fuyant les fureurs de Jézabel, s'endormit à l'ombre
d'un térébinthe.

Nous passons au pied d'une colline sur laquelle
une tour indique le lieu où naquit Benjamin, en
donnant la mort à Rachel, l'épouse chérie de Jacob.
A quelques centaines de mètres dans la vallée, on
aperçoit son tombeau.

Nous approchons de Bethléem (maison du pain).
Un beau vallon couvert d'oliviers nous annonce le
centre d'une population laborieuse et chrétienne. Au-
dessus du vallon, sur la montagne, se dessine une
petite ville d'environ 5,000 âmes. Nous sommes à
Bethléem. Nous entrons dans l'humble cité de David, aux blanches maisons, aux rues étroites et tortueuses. Les enfants courent après nous, pour tenir

a bride de nos chevaux quand nous descendrons, et recevoir quelques pièces de menue monnaie.

Nous débouchons sur une grande place, pavée de larges dalles, qui domine la vallée, et nous allons demander l'hospitalité au couvent des pères franciscains. La population de Bethléem compte 2,800 catholiques latins, 1,800 grecs schismatiques, plusieurs centaines d'Arméniens, et quelques Turcs. Cette population n'est pas à beaucoup près aussi misérable que celle des autres villes et villages de la Judée que nous avions vues jusqu'alors. Sa principale industrie, après la culture, consiste dans la fabrication de chapelets, de croix de nacre, de calcaire tendre, d'écailles, de coupes de pierres noires qui viennent des bords de la mer Morte, et autres petits objets de piété ou de curiosité destinés aux pèlerins qui visitent les saints lieux.

Bethléem, bâtie sur une haute colline, est entourée de trois côtés par des vallées profondes. On y descend par une suite de terrasses garnies de vignes et d'oliviers, qui donnent une idée du beau et riant spectacle que devait offrir la terre d'Ismaël au temps de sa prospérité.

Du sommet de la colline, la vue est admirable. A gauche, se présente Jérusalem avec ses minarets et ses coupoles; à droite, un mamelon élevé, surmonté d'une construction en forme de tour, qui porte le nom de *Tombeau d'Hérode*; en face, se déroule sous vos

pieds la vallée fertile où se trouvent le champ de Booz
et la grotte des bergers; la chaîne bleuâtre des
montagnes de Moab termine ce panorama magnifique.

Trois couvents, un latin, un grec et un arménien,
entourent le riche trésor de Bethléem, le précieux
joyau de la chrétienté, la grotte où naquit le Sauveur.
Elle est protégée par une vaste basilique constanti-
nienne, à cinq nefs, qu'un savant illustre (M. de Vo-
güé) regarde comme le monument le plus ancien et le
plus authentique de l'art chrétien. On y descend par
un escalier de treize marches. Elle mesure à peu près
douze mètres de long sur cinq mètres de large et trois
de haut. La grotte renferme l'emplacement de l'étable
et de la crèche. Elle est entièrement revêtue de marbre. A gauche de l'escalier qui conduit à la crèche,
du côté de l'orient, est une excavation de forme
semi-circulaire. C'est là, c'est dans ce lieu à jamais
vénérable qu'est né Notre-Seigneur Jésus-Christ. Un
autel supporté par deux colonnettes de marbre s'é-
lève en cet endroit. Au-dessous, au milieu d'une riche
mosaïque de jaspe et de porphyre, on lit gravée autour
d'une étoile d'argent l'inscription suivante : *Hîc, de
Virgine Maria, Jesus Christus natus est.*

Un peu plus bas se trouve le lieu qu'occupait la
crèche. On sait que le saint *præsepe* a été transporté
à Rome, et qu'on le vénère aujourd'hui à Sainte-Marie-
Majeure, enfermé dans un magnifique monument de

4*

bronze, de marbre et de pierres précieuses, qui représente le temple de Jérusalem.

Dans l'étroite enceinte qu'occupe la sainte crèche, et en face d'elle, s'élève un petit autel, qui appartient aux Latins, à la différence du premier, qui est la propriété des Grecs. Trente-deux lampes brûlent continuellement dans ce sanctuaire. Avec quelle consolation l'on célèbre les saints mystères au lieu même où, il y a dix-huit siècles, l'immense charité du Sauveur le fit naître pour nous ! C'est là qu'on peut dire avec le sentiment d'une grande vérité et d'une émotion profonde : *Benignitas et humanitas apparuit Salvatoris nostri Dei !*

Le reste de la grotte est divisé en plusieurs compartiments, auxquels on arrive par des corridors souterrains situés dans sa partie occidentale. On visite successivement, avec le plus vif comme avec le plus pieux intérêt, la chapelle dédiée à saint Joseph, puis la chapelle et le tombeau des saints Innocents, où plusieurs de ces tendres victimes furent immolées sur le sein de leurs mères, qui espéraient, en les cachant dans ces lieux souterrains, les dérober à la fureur des soldats d'Hérode. Ces petits martyrs, comme le dit si pieusement l'Église dans la sainte liturgie, gagnèrent leurs couronnes, non en confessant de bouche la foi de Jésus-Christ, mais en mourant pour elle : *Non loquendo, sed moriendo, confessi sunt.* On visite encore le tombeau de saint Jérôme, et la grotte où ce savant et infatigable docteur de l'Église travailla, pendant tant d'années, à la version latine des livres saints, que le concile de Trente a reconnue et déclarée authentique, sous le nom de *Vulgate*. Saint Jérôme a vécu trente-huit ans à Bethléem. Son corps a été transporté à Rome, et il repose dans la basilique de Sainte-Marie-Majeure.

On parcourt ensuite les grottes de sainte Paule, illustre Romaine, du sang des Scipions et des Gracques; de sainte Eustochie, son incomparable et angélique enfant: la mère et la fille reposent dans le même tombeau; enfin celle de saint Eusèbe de Crémone, disciple de saint Jérôme, et son successeur dans la direction du couvent de Bethléem. Plusieurs de ces souterrains ont été creusés de main d'homme. Les trois communions latine, grecque et arménienne ont chacune leur église en communication avec la sainte crèche.

Ce pieux pèlerinage terminé, nous déjeunâmes à la hâte, parce que nous avions encore beaucoup à voir. Il était neuf heures. Nous sortîmes du couvent; mais arrivés sur la place, nous fûmes témoins d'un spectacle qui nous retint quelque temps. C'était une noce catholique. La coutume du pays veut que la fiancée soit amenée jusqu'à l'église par une troupe de jeunes filles ses compagnes. Arrivées à la porte, celles-ci se pressent autour d'elle, de manière à la cacher entièrement. Suit un autre groupe de jeunes filles, au teint basané, au corsage rouge, portant une coule blanche qui tombe jusqu'à terre, et un bandeau de pièces d'or et d'argent sur le front. Quelques-unes entonnent alors un chant monotone, auquel les autres répondent avec accompagnement de tambour de basque et beaucoup d'entrain. Le chant continue jusqu'à l'arrivée des hommes qui amènent le fiancé. On entre à l'église, à la porte de laquelle se fait la cérémonie. Le père de la mariée tient par la bride un cheval en harnais de gala. Le cortége sort; les hommes accompagnent le nouvel époux, tandis que la jeune épouse à cheval, entourée de son premier cortége, est conduite dans la maison conjugale, au milieu des chants et des témoignages de joie de ses compagnes. La candeur, la simplicité des premiers âges, dont cette scène était empreinte, lui donnait le caractère le plus naïf et le plus touchant.

Enfin nous nous mettons en route. Il est bien temps, et le soleil est déjà chaud. Nous visitons d'abord la grotte dite *du lait,* où la sainte Vierge se retira, en attendant que saint Joseph eût achevé les dernières dispositions du voyage d'Égypte, ne voulant pas rester un instant de plus dans sa demeure, après l'ordre de Dieu de partir pour la terre étrangère. Les femmes chrétiennes, turques et arabes recueillent pieusement des fragments du rocher, auxquels elles attribuent une vertu puissante pour faciliter l'allaitement.

Nous visitons, en passant, sur le sommet des col-

lines, de magnifiques citernes creusées dans le roc,
et enfin, descendant dans une plaine bien cultivée,
nous arrivons, au bout d'une demi-heure, au champ
de Booz, où se passa le touchant épisode de Ruth. Le
champ des bergers est voisin. Nous descendons dans
la grotte (transformée en chapelle, et ornée de grossières peintures) où les pasteurs étaient réunis, lorsque les anges leur annoncèrent la bonne nouvelle de
la naissance du Sauveur. Nous rentrons à Bethléem,
après avoir péniblement gravi, sous un soleil brûlant,
les pentes abruptes de la colline sur laquelle la ville
est bâtie. Nous n'y faisons qu'une courte halte, et,
remontant sur nos infatigables coursiers arabes, nous
prenons le chemin des *Vasques de Salomon*.

Vasques de Salomon. — Cette fois, nous nous dirigeâmes vers le sud-ouest. Bientôt, en suivant le flanc
d'une montagne aride et dévorée par le soleil, nous
aperçûmes l'aqueduc des *Piscines* ou *Vasques de Salo·
mon*, qui va porter à Bethléem le tribut de ses eaux.
Comme en cet endroit il court à fleur de terre, et qu'il
y a quelques déchirures, on peut voir l'eau couler dans
son lit artificiel, et s'y désaltérer au besoin. Quelques
instants après se déroula sous nos pieds une vallée
étroite et profonde qui, largement arrosée par l'eau
des piscines, nous offrit le coup d'œil enchanteur, et
si rare dans ces pays calcinés, d'une végétation magnifique. C'est le Jardin fermé, *Hortus conclusus,* du

Cantique des cantiques. Ce lieu célèbre renfermait autrefois les délicieux jardins de Salomon. Il est appelé *Jardin fermé* parce qu'il est entouré de hautes montagnes. Les orangers, les mûriers, les grenadiers et les figuiers y mêlent leurs parfums et leurs ombres, et l'œil, fatigué de l'éblouissant éclat de cette nature embrasée, se repose délicieusement sur cette petite oasis de gazon et de verdure. Il a changé de maître, et il appartient maintenant à un juif américain, qui y entretient une colonie habitant le pauvre village d'Ortas, dont les maisons ne sont guère que des grottes ou de misérables huttes. Nous continuons à gravir la rampe, et nous atteignons bientôt les *Vasques de Salomon*. Qu'on se représente trois grands réservoirs carrés, taillés dans le roc, cimentés à l'intérieur, placés sur une pente à différents niveaux, et communiquant les uns avec les autres. Des murs d'une grande épaisseur les séparent. Ils sont de dimensions inégales. La piscine supérieure mesure quatre cents pieds de longueur, la seconde cinq cent soixante-deux, et la troisième six cent dix-neuf, sur une largeur moyenne de deux cent cinquante pieds et une profondeur de cinquante. Ces réservoirs sont alimentés par une source abondante, également célèbre, et connue, dans nos saints livres, sous le nom de *Fons signatus* (fontaine scellée).

Tout près de là est un ancien fort tombant en ruines, que les Arabes appellent *Kalat-el-Bórak* (château de l'Éclair). Il sert de logement au gardien des eaux. L'entrée de la source est une ouverture circulaire. Après avoir descendu environ quatre mètres, on se trouve dans une chambre de quinze pas de long sur huit de large. Une autre petite chambre touche à celle-ci. Une eau fraîche et abondante sort par quatre ouvertures, et va se jeter, en suivant un conduit souterrain, dans l'aqueduc et les piscines. Les trois réservoirs et l'aqueduc bâti en briques sont du plus haut intérêt archéologique. Ils doivent être rangés parmi les monuments les plus anciens du monde, et sont très-certainement de construction salomonienne. La grotte creusée de main d'homme remonte, dit-on, au temps des Chaldéens. C'est à ces sources, éloignées cependant de trois lieues, que pendant le siége de Jérusalem les croisés, pressés par la soif, étaient obligés d'aller chercher l'eau.

Après trois quarts d'heure passés dans ces lieux si intéressants, et si pleins de souvenirs bibliques, nous prîmes la voie royale d'Hébron à Jérusalem ; dont il serait impossible, à l'heure qu'il est, de découvrir aucune trace, dans le parcours que nous en avons suivi. Nous arrivâmes au coucher du soleil à *Beit-Djalah*, petite ville peu distante de Bethléem, bâtie sur une colline fertile et couverte d'oliviers. Là nous mîmes pied à terre, et nous allâmes visiter le beau séminaire que Mgr Valerga, patriarche de Jérusalem, a fait récemment construire. Il est destiné à la forma-

tion d'un clergé indigène, et compte déjà une quarantaine d'élèves, presque tous humanistes. Il est dirigé
par Mgr Vincent, coàdjuteur du patriarche, avec lequel nous avions eu l'honneur de voyager de Beyrout à la ville sainte. Cet excellent prélat nous fit
un très-aimable accuèil; il voulut nous montrer lui-
même, avec le plus obligeant empressement, sa chapelle élégante, sa maison vraiment fort belle et fort
bien distribuée, son vaste jardin, et ses magnifiques
terrasses.

Après quelques instants de repos et les rafraîchissements d'usage, nous prîmes congé de Sa Grandeur,
et nous rentrâmes à Bethléem, dont nous n'étions
séparés que par deux kilomètres.

Saint-Jean-du-Désert. — Rien de plus triste que le
pàys que l'on parcourt de Bethléem à *Saint-Jean-
du-Désert*. Des vallées sans eau, des collines sans
ombrage, une campagne dénudée, dépeuplée, couverte de rocailles et brûlée par le soleil: tel est le spectacle qu'on a constamment sous les yeux. Le sentier
qui descend la dernière colline est très-roide, et se
termine par un escalier taillé dans le roc, bien moins
par la main de l'homme que par celle du temps et les
pieds des chevaux. En Europe, un pareil chemin pa-
raîtrait fort difficile, même à pied. Mais les sentiers du
Liban, qui ont vraiment atteint la perfection du genre,

nous avaient si bien aguerris, que la pensée de descendre de cheval ne nous vint même pas. Dans ces circonstances, ainsi que nous l'avons maintes fois éprouvé, le mieux est de laisser faire sa monture. Elle descendra de roche en roche, et vous amènera sûrement et paisiblement, au pied de la montagne.

Zacharie et Élisabeth avaient deux maisons en ce lieu : une dans le village, et l'autre située à un kilomètre, et bâtie sur le flanc de la montagne opposée. Les PP. franciscains ont construit leur couvent sur l'emplacement de la première, où est né le saint Précurseur. L'église, qui doit à Louis XIV sa restauration et ses embellissements, est riche et spacieuse. Une crypte à laquelle on descend par plusieurs marches, et qui s'ouvre à gauche du chœur, est le lieu de la naissance de saint Jean-Baptiste. On lit sur une plaque de marbre, placée au milieu du pavé en mosaïque, l'inscription suivante : *Hic Præcursor Domini natus est.* Cinq bas-reliefs de marbre blanc, encadrés de noir, et d'un travail remarquable, environnent le sanctuaire. Ces bas-reliefs, dus à la munificence du roi de Naples, représentent les cinq principales scènes de la vie du saint Précurseur : sa naissance, sa prédication dans le désert, son martyre, la visitation et le baptême de Jésus-Christ. Six lampes brûlent jour et nuit dans ce lieu vénérable.

L'église supérieure est une des plus remarquables de la terre sainte. Autrefois les Turcs l'avaient trans-

formée en étable; ils la rendirent cependant, grâce à
l'intervention de Louis XIV, et les franciscains du-
rent dépenser cent mille francs pour la rebâtir. La
famille franciscaine qui occupe le couvent est peu
nombreuse, et ne compte ordinairement que cinq religieux. Nous y reçûmes, comme dans les autres maisons de l'ordre, une fraternelle hospitalité.

Après une longue station dans ce célèbre sanctuaire,
nous allâmes visiter le couvent, ou plutôt un orphelinat de jeunes Libanaises, que les dames de Sion ont
construit à l'ouest du village, dans l'emplacement,
dit-on, des jardins de Zacharie. Il est entouré d'une
muraille crénelée, et dans une position très-pitto-
resque.

Remontant alors à cheval, nous arrivons, après une
heure et demie de marche dans le désert, à la grotte
où le saint Précurseur vivait loin du commerce des
hommes, exclusivement occupé des choses du ciel.
On y descend par un escalier tournant, et taillé dans
le roc. La grotte est naturelle, située à mi-côte, sur
le flanc escarpé de la montagne, et mesure quatre
mètres de longueur sur trois de largeur. Elle a deux
ouvertures, dont l'une sert de porte et l'autre de fenêtre. Le fond se termine par un rocher, qu'on dirait
taillé tout exprès pour servir de couche et de siége;
on l'appelle le *Lit de saint Jean*. La grotte domine la
belle et fertile vallée du Térébinthe, au milieu de laquelle coule un torrent, dont le lit alors desséché,

est aussi large que celui d'un fleuve. L'horizon est peu
étendu, mais grandiose et sévère. Vis-à-vis, sur le cône
tronqué d'une haute montagne, s'élève la cité de Modin, antique patrie des Machabées, que déjà nous avons
vue et saluée en nous rendant de Jaffa à Jérusalem.
Une petite source, sortant du rocher, coule sans bruit
à côté de la grotte, arrosant des graminées, des fleurs
sauvages, et répandant sur son passage la verdure
et la fraîcheur. Un peu au-dessus, dans une vigne
appartenant à Mgr le patriarche, on nous montra le
tombeau de sainte Élisabeth.

Revenant alors sur nos pas, nous arrivons, avant
la chute du jour, à la maison de la *Visitation,* objet
spécial de notre pieux pèlerinage. On voit encore une
chambre basse de cette maison, sur l'emplacement
de laquelle s'élève un modeste sanctuaire. Un vieil
olivier en ombrage l'entrée. On nous fit remarquer
aussi une anfractuosité de rocher où sainte Élisabeth, suivant une tradition ancienne, aurait caché
son saint enfant pour le dérober aux recherches et à
la barbarie des soldats d'Hérode. Nous récitâmes avec
une grande consolation le cantique du *Magnificat* au
lieu même où l'auguste Marie, dans un élan d'amour
divin et de prophétique enthousiasme, le composa
et le récita.

Le lendemain 17 septembre, nous rentrions à Jérusalem, non sans avoir mis pied à terre au couvent
de *Sainte-Croix,* situé au fond d'une aride et chaude

vallée. Le couvent est ainsi appelé parce qu'il est
bâti dans l'endroit où fut coupé l'arbre de la croix, que
l'on pense avoir été un cyprès. Derrière l'autel, on
vénère l'emplacement qu'occupait le bois précieux ;
on met pieusement la main dans cette excavation, et
l'on s'empresse d'y faire toucher des objets de piété.
Comment oublier alors les belles et touchantes paroles par lesquelles l'Église célèbre l'arbre de la
Rédemption : *Arbor decora et fulgida ! electa digno
stipite, tam sancta membra tangere !*

Le couvent de Sainte-Croix, dont la fondation, dit-
on, remonte au Ve siècle, et qui, après avoir appartenu aux Géorgiens, a passé aux mains des Grecs,
offre, par la masse de ses constructions, l'aspect
imposant d'une forteresse. On y entre par une porte
de fer surbaissée. Il possède une bibliothèque très-
riche en manuscrits anciens. L'aigle de Russie y
montre partout sa double tête, parce que c'est à l'or
de cette puissance que le couvent doit sa restauration et sa prospérité.

Voyage de Nazareth. — Maintenant nous allons
laisser la Judée pour nous rendre à Nazareth et dans
ses environs, premier théâtre de la vie apostolique de
Notre-Seigneur. Mais, avant de quitter de Judée, qu'on
me permette d'observer que si, d'un côté, l'âme chrétienne éprouve un redoublement de piété et de fer-

veur, si sa foi se renouvelle et se fortifie, à la vue de
ces lieux foulés par les pieds du Sauveur, remplis du
souvenir de son nom et de ses bienfaits, et arrosés
de son sang divin ; de l'autre ; la désolation dont cette
terre, désormais maudite, porte partout l'incontestable empreinte, la profanation constante des lieux
les plus augustes, la profonde misère qui pèse sur les
peuples de ces malheureuses contrées, toutes ces
causes de tristesse pénètrent le cœur chrétien d'une
immense douleur. On est en même temps triste et
heureux de s'éloigner.

Nous eussions bien désiré nous rendre à Nazareth
par la Samarie, en visitant, sur notre passage, tant
de lieux célèbres dans l'Ancien aussi bien que dans
le Nouveau Testament. Mais il nous fallait traverser
des pays peu sûrs, habités par des tribus de Bédouins pillards et fanatiques ; il eût été nécessaire
de prendre une escorte de soldats, que notre consul,
du reste, s'offrait gracieusement à nous procurer ;
mais cela nous eût jetés dans un surcroît de dépenses
et dans des complications que, toutes réflexions faites,
nous crûmes plus sage d'éviter.

Notre sortie de Jérusalem fut bien plus modeste
que notre arrivée. Nous n'avions plus dans notre
petite caravane ni prélat ni janissaire. Elle se com-
posait d'un jeune Milanais, bon chrétien, professeur
au collége italien d'Alexandrie, et que nous avions
rencontré à Jaffa. Il était devenu depuis lors notre in-

séparable compagnon de voyage. Nous avions en outre
un brave Provençal et sa femme, établis depuis plusieurs années à Beyrout, et qui, s'y étant fait comme
mécanicien une petite fortune, retournait dans la
mère patrie, que le séjour en pays étranger fait aimer
et apprécier davantage. Toutefois, il ne voulait pas
rentrer en France sans avoir accompli le pèlerinage
de la ville sainte, qu'il regardait comme un devoir
de chrétien.

Nous traversâmes donc de nouveau ces affreuses
montagnes de Judée, et, vers onze heures, nous nous
arrêtâmes, pour déjeuner, à une misérable auberge,
si même on peut lui donner ce nom, située au pied du
dernier contre-fort. Cette auberge, ou plutôt ce re-
fuge, auquel le pèlerin vient demander un peu d'ombre
et quelques instants de repos, consiste en une assez
vaste excavation, précédée d'un hangar couvert de
branchages, soutenu de distance en distance par de
nombreux étançons. Nous nous y installâmes gaie-
ment, et nous mangeâmes nos petites provisions,
mises fraternellement en commun dans ce salon primitif, que notre joyeux Provençal appelait le *Café
des mille Colonnes*.

Le lendemain, à quatre heures du soir, nous
quittions Jaffa, nous dirigeant par mer vers la
Galilée. Mais avant de monter sur *le Stamboul,* bateau du Lloyd, qui devait nous y transporter, nous
dûmes subir un petit ennui, qui peint trop bien la

bonne foi des Arabes pour que je puisse le passer
sous silence. Nous étions tous cinq dans le canot
qui nous conduisait au navire, stationnant à près de
deux kilomètres du rivage. Le prix était convenu d'a-
vance. Mais voilà qu'au beau milieu du trajet nos
six vigoureux rameurs s'arrêtent court, et le patron
demande, pour continuer, un salaire plus élevé que
celui stipulé d'abord. Nous nous récrions, d'une
commune voix, contre une telle injustice, et contre
la violence qu'en cas de refus on se montrait dis-
posé à employer à notre égard. Alors notre Provençal, homme de cœur et d'énergie, connaissant
parfaitement l'arabe, et s'armant d'un revolver, qui
prêtait à ses arguments un merveilleux appui, les
menaça du consul, et parla si haut et si ferme, que
nos gens furent intimidés et reprirent tranquillement
la route du vapeur autrichien, sans oser élever de
prétentions nouvelles. Les faits de ce genre sont assez
fréquents dans ces parages, et l'on ne s'en tire pas
toujours à aussi bon marché.

A dix heures du soir, nous débarquons à Caïffa,
après avoir pris congé de notre vieux compagnon et
de sa femme, et, ne conservant avec nous que notre
fidèle Milanais, nous allons chercher gîte pour la nuit
chez un carme déchaussé, curé de Caïffa, religieux
dépendant du grand couvent du Carmel, situé à une
lieue de la ville, sur la montagne. Il nous répond
que, malgré son désir, l'exiguïté du logement ne lui

permet pas de nous recevoir, et il nous engage à nous
pourvoir ailleurs. Le conseil était plus aisé à donner
qu'à suivre. Se procurer un logement à dix heures
du soir, dans une petite ville arabe qui ne possède
pas une hôtellerie, n'est pas chose facile. Mais il y a
une Providence pour les pèlerins, surtout pour les pèlerins de terre sainte. Au milieu de notre plus grande
perplexité, un monsieur qui nous avait suivis depuis
notre débarquement s'approche, et, nous adressant la
parole en bon français, nous engage à le suivre, nous
offrant chez lui l'hospitalité. Nous ne savions à qui nous
avions affaire ; mais, nous confiant à la bonne Providence, nous suivons tous les trois ce charitable inconnu.

Après dix minutes de marche, nous sommes in-
troduits dans une maison assez vaste ; on nous donne
deux chambres convenables et des lits fort propres.
Épuisés de fatigue, nous nous couchons promptement,
sans autre souci, sans autre recherche, et bientôt
nous sommes plongés dans un profond sommeil. Le
lendemain à six heures, nous étions sur pied, prêts
à partir. Un serviteur parlant italien nous apprend
alors que nous avons été reçus dans un établissement
hospitalier russe. Nous lui en témoignons notre reconnaissance, et, après lui avoir remis une généreuse
gratification, nous nous rendons chez le père carme.
Nous y célébrons la sainte messe, nous prenons le
café et nous partons pour Nazareth, montés sur trois
chevaux équipés misérablement, en compagnie d'un

vieux guide, à la figure éthiopienne, qui marche devant nous.

Pendant longtemps nous cheminons dans la magnifique et vaste plaine d'Esdrelon, qui s'étend au pied de la chaîne du Carmel, la contourne et se divise en plusieurs branches. Nous passons à gué un gros ruisseau à l'eau fraîche et limpide ; nous traversons ensuite des collines couvertes de belles forêts de chêne verts ; puis de nouveau la plaine, puis encore des montagnes, enfin Nazareth, où nous arrivons après huit heures de cheval, et dans les heures les plus chaudes du jour. Des hauteurs nous descendons dans la ville par un sentier abrupt, et la première maison qui se présente à nos regards est celle de la mission protestante, mission remarquable par sa parfaite stérilité. Comme d'ordinaire, nous allons frapper à la porte des révérends pères franciscains, qui nous conduisent à leur belle *Casa Nuova*, de construction récente, comme le nom l'indique, et qu'une petite place sépare du couvent.

Nazareth. — Nazareth est bâtie en amphithéâtre, au bas des collines qui l'entourent et forment un gracieux vallon. Sa hauteur est de deux cent soixante-treize mètres au-dessus du niveau de la mer. Ses maisons, construites en pierres blanches pour la plupart, terminées par des terrasses, et souvent entou-

rées de jardins ou de plantations d'oliviers, de figuiers
et de cactus, offrent un aspect d'aisance et de bien-
être que nous n'avions pas encore rencontré en Palestine, sans en excepter Bethléem.

Sa population s'élève environ à 3,000 habitants,
tous chrétiens, si l'on en excepte 600 musulmans.
L'élément catholique y domine. On y compte 1040
grecs schismatiques, 520 grecs unis, 680 latins et
400 maronites. Ses rues étroites, escarpées, presque
impraticables, se convertissent en torrents pendant
les pluies d'hiver. La population offre d'assez beaux
types, et les femmes aiment à se parer d'énormes
rouleaux de pièces de monnaie dont elles s'encadrent
le visage, ornement qui leur sied assez mal.

Après quelques rafraîchissements dont nous avions
un impérieux besoin, nous nous dirigeâmes vers le
couvent, principal édifice de la ville. On y arrive par
un beau portail, ouvrant du côté de l'ouest, et donnant
accès dans une vaste cour. On y remarque quelques
fragments de colonnes antiques, et des débris d'architecture romaine. A gauche, un escalier modeste
conduit à la porte du monastère. En traversant cette
cour, on arrive à une autre plus petite, et l'on se trouve
en face de l'Église de l'*Annonciation*, bâtie sur les
ruines de la basilique élevée autrefois par la piété
de sainte Hélène.

On descend, par un large escalier de dix-sept marches, dans une crypte placée au-dessous du sanc-

tuaire, et qui occupe l'emplacement exact de la *Santa Casa*, qui fut, comme on sait, vers la fin du XIIIe siècle, transportée miraculeusement sur une colline d'Italie, près de la mer Adriatique, et qui depuis est devenue célèbre dans toute la chrétienté sous le nom de *Notre-Dame de Lorette*. Un autel, à gauche de la crypte, indique le lieu où Marie était en prière lorsque l'ange Gabriel lui apporta le divin message. A côté sont deux colonnes de granit; l'une d'elles est brisée au milieu, et sa partie supérieure demeure suspendue à la voûte, à laquelle elle est scellée par des barres de fer. Un autre autel, placé au fond de ce vénéré sanctuaire, occupe l'endroit où s'accomplit l'adorable mystère de l'*Incarnation du Verbe*. Il est fort simple, surmonté d'un tableau représentant l'Incarnation et entouré de lampes d'argent. Une large pierre de granit, encadrée dans le pavage, porte cette inscription latine : *Verbum caro hic factum est.* Derrière le sanctuaire est une petite grotte qui passe, d'après plusieurs auteurs anciens, pour avoir été la chambre à coucher de l'enfant Jésus. On lit ces paroles du saint Évangile, qui résument admirablement toute sa vie cachée : *Hic erat subditus illis.*

« L'Annonciation, l'Incarnation, la vie cachée de « Jésus, écrit un pieux pèlerin (1), ces saintes choses « qui remplissent maintenant le monde, vous les

---

(1) R. P. Rigaud, *Souvenirs de Jérusalem.*

« trouverez là, renfermées sous terre, dans un es-
« pace de quelques mètres carrés. Voilà donc le lieu
« où s'est accomplie la promesse faite aux premiers
« jours du monde, renouvelée aux patriarches, con-
« firmée par les prophètes, la réconciliation entre
« Dieu et l'humanité. Dans cette grotte obscure, la
« plus sainte des vierges est devenue Mère de Dieu !
« Ce réduit a été pendant vingt-quatre ans le con-
« fident des prières de Jésus, l'asile de son repos !
« Tous ces souvenirs, toutes ces réalités, toutes ces
« saintetés vous pénètrent, vous attendrissent, vous
« jettent à genoux... »

Il est impossible, en effet, de rendre l'impression
d'étonnement, le sentiment de dévotion et de respect
dont on est saisi à la vue de la petitesse, de l'exiguïté
du lieu où se sont accomplis ces grandes choses,
ces mystères profonds qui ont changé la face du
monde.

L'église qui recouvre la sainte grotte est belle, bien
décorée; mais elle pèche du côté des proportions,
n'ayant pas la longueur que ses autres dimensions
sembleraient exiger.

Outre l'église et la sainte grotte, il y a quatre autres
monuments évangéliques à voir à Nazareth : la fontaine de la Vierge, l'atelier de saint Joseph, la syna-
gogue où Notre-Seigneur commença ses prédications,
enfin la table dite du Christ. La fontaine, qui porte le
nom de *Aïn-el-Sidi-Miriam* (la fontaine de Notre-

Dame Marie), est située au nord de la ville. Ses eaux sont fraîches et abondantes. Le matin et le soir, les femmes et les jeunes filles y vont puiser l'eau néces- saire aux besoins de la famille, portant sur l'épaule avec grâce et aisance de grandes urnes de forme antique. Que de fois la sainte Vierge seule, ou tenant à la main l'enfant Jésus, y est venue puiser de l'eau, mêlée parmi les pauvres femmes du peuple : elle que les anges auraient voulu servir !

L'emplacement de l'atelier de saint Joseph est cir- conscrit dans une chapelle élevée par les soins des pères franciscains. Une église avait été autrefois bâtie en ce lieu, probablement par les croisés. La syna- gogue n'existe plus depuis longtemps. On visite au- jourd'hui l'église arménienne qui la remplace.

On appelle *Table du Christ* une grande pierre de forme circulaire, également renfermée dans l'enceinte d'une chapelle et appartenant aux pères de la terre sainte. La tradition rapporte que plusieurs fois le Sauveur y prit ses repas, en compagnie de ses apô- tres, motif pour lequel on la vénère aujourd'hui.

Nous aimions, au déclin du jour, à parcourir les col- lines qui entourent Nazareth. Nous nous disions que bien des fois, sans doute, la sainte famille les avait aussi parcourues ; que peut-être, après les labeurs et les fatigues de la journée, Jésus, Marie et Joseph al- laient le soir s'y reposer et respirer la fraîcheur ! La foi nous montrait cette terre couverte des vestiges de l'Homme-Dieu, arrosée de ses sueurs, imprégnée de son souvenir. Aussi un sentiment de reconnaissance et d'amour s'échappait-il souvent de nos cœurs. Que nous eussions été heureux d'avoir quelques semaines à passer sur cette terre bénie, sans autre préoccupation que celle de méditer les touchants et instructifs mystères de la vie cachée du Sauveur !

Excursion au Thabor, au lac de Tibériade, etc. — Le lundi 1ᵉʳ octobre, à cinq heures du matin, nous nous mettions en route, par un beau clair de lune, pour le mont Thabor, sous la conduite d'un guide armé d'un fusil. Nous passons près de la fontaine de la Vierge, après avoir parcouru la vallée de Nazareth dans toute sa longueur, et nous nous enfonçons bientôt dans les montagnes, en suivant la direction du nord-ouest. Aux approches du Thabor, quelques traces de végétation apparaissent; nous avons même un peu d'ombre, chose bien précieuse et bien rare en Orient. Nous atteignons enfin le pied de la sainte montagne. C'est la plus belle de la Galilée. Élevée de mille pieds au-dessus de la plaine d'Esdrelon, isolée de toutes parts, elle réalise parfaitement la parole de l'Évangile : *Montem excelsum seorsum.* Ses flancs sont couverts d'une végétation magnifique, composée de hêtres, de chênes verts et d'arbustes, formant des massifs odoriférants. Le sentier qui sillonne en lacets le côté ouest de la montagne est très-praticable, même aux chevaux, grâce aux travaux, non encore terminés, entrepris par les Grecs, qui possèdent sur le sommet un couvent et une église. L'ascension dure une heure. Arrivé sur le plateau, d'une longueur de quinze cents mètres sur une largeur de huit cents, on a peine à contenir un cri d'admiration à la vue du panorama qui se déroule tout à coup sous les yeux. La belle plaine d'Esdrelon, le grand champ de bataille de la Palestine, s'étend de tous côtés (si l'on en excepte celui de Nazareth), à perte de vue. Cet horizon immense est encadré, au midi, par le petit Hermon, désigné dans les psaumes sous le nom de *Hermon a monte modico*. Sur sa pente occidentale on aperçoit la ville ou plutôt la bourgade de Naïm et celle d'Endore, toutes deux célèbres dans l'Écriture. Un peu plus loin, les monts Gelboë élèvent leurs crêtes arides, qui rappellent d'une manière saisissante la malédiction autrefois prononcée contre eux : *Montes Gelboe, nec ros nec pluvia descendant super vos!*

Au nord et à l'orient s'offrent la masse imposante du grand Hermon, le bassin profond de la mer de Tibériade, qu'on aperçoit par certaines coupures, ainsi que le cours du Jourdain ; enfin, l'ouest est bordé par les premiers contre-forts de la chaîne du Carmel et les capricieuses montagnes de Nazareth, au-dessus desquelles la Méditerranée, comme une ligne d'argent, termine cet incomparable tableau. C'est un des spec-

tacles de la nature les plus grandioses auxquels on
puisse assister. Aussi, cette parole du prophète s'é-
chappe-t-elle spontanément du cœur : *Mirabilis in
altis Dominus!* C'est au pied du petit Hermon, au-
dessous du village de Naïm, que Bonaparte, surnommé
par les Arabes *le Sultan de feu,* dégagea le général
Kléber, et foudroya avec six mille hommes l'armée
turque, composée de vingt-sept mille combattants.

Sur le plateau qui forme le sommet du Thabor, on
voit les ruines de trois anciennes églises, l'une dédiée à Notre-Seigneur, l'autre à Énoch, la troisième
à Élie. Après avoir prié chacun selon notre attrait,
nous nous réunissons auprès du couvent grec, nous
déjeunons sur le bord d'un bassin, à l'ombre de
beaux chênes verts, et nous reprenons le chemin de
Tibériade.

Nous suivons d'abord une verdoyante vallée, et
bientôt nous débouchons au nord, dans une vaste
branche de la plaine d'Esdrelon, qui s'étend, coupée
d'ondulations profondes, jusque sur les hautes berges
du lac de Tibériade. Nous arrivons à *Khan-el-Tadjar*
(le khan des marchands), bâti en 1587 pour l'usage
des caravanes d'Égypte. On voit à côté une belle
source et une ancienne construction carrée, qui paraît avoir été un fort. C'était jour de marché. La foire
se tenait en plein soleil. Nous passons tout près de
cette masse compacte de chameaux, de chevaux arabes, de grands troupeaux de moutons, de Bédouins

au teint basané, au costume blanc, à la longue lance,
qui sont pour nous le sujet d'une curieuse distrac-
tion. Nous continuons notre pénible marche à travers
cette campagne desséchée, et sous un soleil torride.
Nous cheminions difficilement, gravissant depuis
longtemps déjà une pente douce, lorsque tout à coup
nos chevaux s'arrêtent, la plaine est brusquement
interrompue, et nous voyons à quelques centaines
de mètres au-dessous de nous, dans une vallée courant du nord au sud, et profondément encaissée, une
magnifique nappe bleu d'azur se déployer en ondulant, bordée de montagnes arides, mais qui, revêtues des plus riches teintes de lumière, semblaient
lui former un encadrement d'or. Nous avions sous
les yeux le lac de *Tibériade,* l'émeraude de la Palestine. C'était la seconde surprise de la journée. Cette
fois une bruyante exclamation s'échappa spontanément de nos poitrines; sur les bords du lac, au pied
de la montagne, s'offre un groupe considérable de
maisons entourées, comme au moyen âge, d'une
muraille crénelée, flanquée de distance en distance
de grosses tours rondes. C'est Tibériade, ville bâtie
par Hérode Antipas, qui, par flatterie, lui donna le
nom de l'empereur Tibère, dont il avait su se conci-
lier la faveur. Elle portait aussi le nom de Génésareth. Elle est la patrie de saint Pierre.

Nous descendons pendant une heure, et nous entrons dans la ville par une brèche de ses murailles

qui tombent en ruines. Nous parcourons des rues
étroites, sinueuses, malpropres, pleines de décombres, et nous allons loger chez un bon père francis-
cain, venu exprès de Nazareth pour nous recevoir.
Son église est grande, mais bien pauvre. Elle est
située sur le bord du lac, dans l'emplacement même
que la tradition assigne à la maison de saint Pierre.

Plusieurs scènes racontées dans le saint Évangile
se sont passées sur ce beau lac. Tous ces lieux sont
pleins du souvenir des miracles accomplis dans les
premiers temps de la vie apostolique de Notre-Seigneur. La population de la ville est d'environ deux
mille âmes, dont huit cents Juifs originaires d'A-
frique, d'Espagne ou de Russie. On n'y compte qu'une
seule famille catholique latine. C'était l'époque de la
fête des Tabernacles. Les Juifs étaient vêtus de leurs
plus beaux habits. Les femmes surtout se faisaient
remarquer par leurs robes de soie, aux couleurs
voyantes, et leurs nombreux bijoux. Les terrasses
de la plupart des maisons étaient couvertes de tentes
de feuillage, sous lesquelles la population juive habitait, suivant la tradition fidèlement conservée,
pendant la durée des fêtes.

Le lac de Tibériade est en grande partie formé par
le Jourdain, qui le traverse dans toute sa longueur,
comme le Rhône traverse le lac de Genève. Son eau,
verte et limpide, est excellente à boire. Ce lac, la
plus belle nappe d'eau de la Syrie, compte dix-neuf

kilomètres de longueur sur dix de largeur. Sa forme est celle d'un ovale irrégulier. Nous aimions à nous rappeler que ces flots avaient bercé le divin Maître, pendant son mystérieux sommeil, qu'ils s'étaient miraculeusement affermis sous ses pieds, et qu'ils avaient souvent étanché sa soif. C'était sur les rivages que nous foulions en ce moment qu'avait retenti cette parole: « Simon, fils de Jean, m'aimez-vous? Paissez mes agneaux, paissez mes brebis!... » C'est à quelques pas de là qu'avait eu lieu la pêche miraculeuse. Que de pieux souvenirs se pressaient ici dans nos cœurs! Hélas! pourquoi faut-il se hâter en parcourant des lieux si chers, et que l'on quitte sans même emporter l'espérance de les revoir jamais! Je me souviendrai toute ma vie de cette promenade de trois heures sur les rives désertes du lac de Tibériade, où vingt cités florissaient autrefois. Ici, comme dans toute la terre sainte, s'accuse et pèse la malédiction divine.

On nous montra de loin, à l'extrémité septentrionale du lac, les ruines de Capharnaüm, se cachant dans un pli du rivage. Ensuite, passant au pied de la vieille citadelle, à moitié démantelée, nous rentrâmes, avec le coucher du soleil, dans ce pauvre village de Tibériade, que le temps semble avoir oublié là comme une épave du passé.

Le lendemain, après notre oraison faite sur la terrasse de l'hospice, en face du lac de Génésareth, la sainte messe célébrée dans la pauvre église Saint-Pierre, nous montons à cheval pour faire une des plus intéressantes excursions de la Palestine. C'était, du reste, la dernière.

Nous nous élevons lentement sur les hautes berges qui bordent le lac, nous retournant de temps en temps pour jouir du point de vue toujours magnifique, mais qui changeait à chaque instant. Après une heure et demie de marche, nous arrivons à l'endroit où fut opéré le miracle de la multiplication des pains. Au milieu des pierres noirâtres qui couvrent le plateau, on nous en fit remarquer une plus élevée, et présentant la forme d'une sorte de table rustique. C'est près de cette table que Notre-Seigneur opéra le miracle, laissant tomber de ses lèvres, et plus encore de son cœur, ces touchantes paroles : *Misereor super turbam*, J'ai compassion de ce peuple. Parole féconde, qui faisait éclore sur la terre une vertu nouvelle et jusqu'alors inconnue, *l'amour des pauvres*. Cette parole retentira à jamais à travers les siècles, donnant partout naissance aux plus beaux dévouements, aux plus grands sacrifices, aux plus héroïques vertus. Plusieurs croix ont été gravées sur le rocher par la piété des pèlerins. Nous continuons notre route, et nous arrivons bientôt à la montagne des Béatitudes. Cette colline, qui montre de loin ses deux cimes jumelles, est peu élevée, hérissée de rochers, et monte par une pente douce au-dessus du plateau. Le bon

Maître se rendait quelquefois en ce lieu, pour faire entendre sa parole divine aux cultivateurs, aux gens simples de la campagne. Il les faisait rassembler par ses apôtres, qu'il formait dès lors à la vie apostolique. Puis, quand ces populations fatiguées de la chaleur du jour s'étaient réunies autour de lui, il leur enseignait son admirable doctrine : « Bienheureux les pauvres ! Bienheureux ceux qui pleurent ! Bienheureux les miséricordieux ! Bienheureux ceux qui ont le cœur pur ! Bienheureux ceux qui ont faim et soif de la justice ! »

Nous continuons notre route. Nous traversons le champ de bataille de Tibériade, lieu de funeste mémoire, où l'armée chrétienne, sous les ordres de Guy de Lusignan, roi de Jérusalem, fut vaincue par le farouche Saladin en 1187; défaite qui détruisit l'empire des Latins en Palestine. La vraie croix fut prise. Le roi fut fait prisonnier. On lui laissa la vie sauve; mais son frère Renaud périt, frappé par la main de Saladin lui-même. Les chevaliers de Saint-Jean et du Temple, au nombre de deux cents, furent massacrés de sang-froid. Une demi-lieue plus loin, nous traversons le *Champ des épis*, situé dans une plaine fertile, bien cultivée, et tout près du petit village de Torran.

Nous voici à Cana en Galilée. Ce n'est plus qu'un gros village d'Arabes assez pacifiques. Il s'élève en amphithéâtre sur une colline, entourée au sud et à

l'ouest par un joli vallon, planté d'arbres fruitiers.
En suivant la rue principale, on rencontre bientôt les
ruines d'une ancienne église, indiquant la maison
où Notre-Seigneur, à la prière de la sainte Vierge,
opéra son premier miracle. Nous descendons ensuite
à la fontaine où furent remplies les urnes, dont trois
sont conservées, dit-on, dans un couvent grec du voisinage. Nous dînons dans un beau jardin d'orangers
et de grenadiers, qu'arrosent les eaux de la fontaine ;
puis, remontant à cheval, et, suivant entre deux haies
de nopals la route poudreuse et ondulée de Nazareth,
nous arrivons vers trois heures dans cette ville.

Dans la soirée, nous allons visiter les sœurs de
Nazareth, dont la maison mère est à Lyon. Quatre de
ces religieuses vinrent, au commencement de 1855,
s'établir à Nazareth, pour y fonder une école et soigner
les malades. Elles y font beaucoup de bien. Leur couvent est contigu à la *Casa Nuova*.

Le lendemain à quatre heures du matin, nous reprenons la route de Caïffa. Sans nous arrêter, nous
traversons la petite ville et nous gagnons le Carmel,
distant d'une lieue. Arrivés au pied de la célèbre
montagne, nous la gravissons par un chemin en forme
d'escalier, qui la contourne obliquement, et nous arrivons au monastère. Un mot ici du Carmel et du
couvent.

Le Carmel est une chaîne de montagnes d'environ
vingt-deux kilomètres de longueur, assise sur une

base large de sept kilomètres. Elle s'étend du sud-est au nord-ouest. Elle offre de magnifiques forêts, autrefois de cèdres, maintenant de hêtres, de myrtes et de chênes verts. On y trouve le chacal, la panthère, l'hyène et le sanglier. Les aigles planent sur ses hautes cimes. Ces belles montagnes étaient jadis cultivées; leur nom même signifie *vignoble*. Elles sont souvent employées, dans nos saints livres, comme termes de comparaison pour exprimer la beauté : *Decor Carmeli.*

Le couvent dit du *Carmel* est un grand rectangle de maçonnerie, bâti sur le dernier contre-fort de la montagne, et qui s'avance dans la mer en forme de promontoire. Cette imposante construction occupe le centre d'un petit plateau qui domine, d'une hauteur de deux cents mètres, les flots de la Méditerranée. L'église et sa vaste coupole s'élèvent majestueusement au-dessus des toits plats du monastère. Nous y reçûmes de la part des excellents pères carmes une très-généreuse et très-confortable hospitalité. Deux heures furent consacrées à un repos rendu indispensable par une étape de neuf heures de cheval.

Nous visitons ensuite l'église. Nous descendons avec empressement dans la *grotte d'Élie*, où le prophète se retirait pendant sa retraite sur le Carmel, et où il se cacha pour se dérober aux fureurs de la reine Jézabel. Cette grotte, sur laquelle s'élève le maître-autel, mesure deux mètres de longueur et de

largeur, sur deux mètres de hauteur. Le fond est occupé par un autel dédié à saint Élie, l'une des plus
grandes et des plus énergiques figures de l'Ancien
Testament. Selon la tradition, le prophète aurait eu
en ce lieu la révélation qu'une Vierge devait enfan-
ter. On montre la pierre sur laquelle il reposait au
moment de la mystérieuse apparition.

Devant le monastère, un jardin peu considérable
s'étend dans la partie ouest du plateau. Au milieu,
s'élève une pyramide de pierre érigée à la mémoire
des blessés français, massacrés par les Turcs en 1799.
De nombreuses grottes, autrefois occupées par des
anachorètes, sont creusées dans les flancs du Carmel. La plus considérable comme la plus célèbre
porte le nom d'*École des Prophètes*. Elle regarde la
mer. C'est une crypte naturelle, agrandie de main
d'homme, ayant quinze mètres de longueur sur sept
de largeur et six de hauteur. Une petite cellule, que
l'on voit à gauche en entrant, passe pour celle du
prophète Élie. La garde de cette crypte est confiée à
un iman, qui en ouvre indifféremment la porte aux
Juifs, aux chrétiens et aux Turcs.

Nous terminâmes notre journée en assistant au
coucher du soleil sur les terrasses du monastère.
Nous vîmes son disque s'enfoncer peu à peu dans les
flots transparents de la Méditerranée, en éclairant
d'une manière admirable Saint-Jean d'Acre, sa plaine
et sa baie magnifique, dont l'immense courbe de

quatre lieues vient se terminer à Caïffa; nous avions aussi sous les yeux la chaîne du Carmel, les montagnes de la Galilée, et, pour achever le tableau, les hauts sommets du grand Hermon.

Le lendemain, après la messe célébrée à la sainte crypte, après le repas du matin, la visite très-intéressante du beau phare intermittent qui domine le promontoire et la mer, après un long et dernier regard jeté sur tant de belles et saintes choses que nous allions laisser derrière nous, nous descendons la rampe abrupte de la montagne, nous faisons en passant une visite aux bonnes sœurs de Caïffa, et le soir, à cinq heures, nous montons joyeux à bord de l'*Africa*, paquebot du Lloyd autrichien, qui chauffait pour Alexandrie. Bientôt, en effet, il lève l'ancre, et, le cœur plein d'une douce émotion, nous commençâmes à voguer vers la France.

ÉGYPTE

Alexandrie. — Partis de Caïffa jeudi 4 octobre, nous arrivâmes à Alexandrie le samedi 6, vers quatre heures du soir, après quarante-huit heures de traversée. Nous allâmes demander l'hospitalité aux frères des Écoles chrétiennes, qui possèdent à Alexandrie un magnifique pensionnat de six cents élèves. Ils nous reçurent avec une grande cordialité. Nous nous reposâmes toute la matinée du lendemain, et, vers le soir, nous sortîmes accompagnés de plusieurs de nos hôtes, pour faire une première excursion dans la ville.

Fondée par Alexandre, 331 avant Jésus-Christ, Alexandrie n'est plus, depuis bien des siècles, la belle cité décrite par Strabon, vingt-quatre ans avant l'ère chrétienne. Elle comptait alors 600,000 habitants. Deux rues larges de trente-cinq mètres, bordées de temples, de palais, de portiques, et se coupant à angles droits, la divisaient en quatre parties. Mais, depuis le IIIe siècle, elle n'a fait que déchoir. Cependant le pacha Mahomet-Amrou, après l'avoir conquise en 641, écrivait au calife Omar qu'il avait trouvé dans cette ville immense quatre mille palais, autant de bains publics, quatre cents cirques ou places pour les divertissements, et douze mille jardins.

A la conquête arabe succéda la conquête turque, en 1517, qui mit le dernier terme à la décadence de cette ville illustre. Vers la fin du dernier siècle, elle ne formait plus qu'une misérable bourgade, comptant à peine 6,000 habitants. Mais l'expédition française de 1798, et, un peu plus tard, le règne réparateur de Méhémet-Ali, ont ouvert pour Alexandrie et pour toute l'Égypte une ère de régénération.

Cette ville compte actuellement 80,000 habitants, et prend chaque année des accroissements considérables. C'est la cité la plus belle, la plus européenne de l'Orient. Comme par le passé, elle est la sentine de l'Égypte. Les étrangers, qui l'habitent en grand nombre, sont en général bien loin d'être l'élite des nations civilisées. Cette ville, semi-orientale, semi-européenne, présente une physionomie particulière, à cause du grand mouvement commercial qui agite sans cesse sa double population indigène et cosmopolite. Située au bord de la mer, à l'extrémité d'un des angles du Delta, formé par les différentes branches du Nil, sa position est admirable. Elle tient la tête de l'Égypte. C'est la ville la plus commerçante de l'Orient. Elle possède deux ports, un beau canal et un chemin de fer. Toutefois les choses curieuses y sont rares. Elle n'offre d'intéressant au voyageur que les aiguilles de Cléopâtre, la place des Consuls, le couvent latin, et la colonne dite de Pompée.

Aiguilles de Cléopâtre. — Ce sont deux obélisques de granit rose, qui s'élevaient jadis devant le grand temple d'Héliopolis. Des deux un seul est demeuré debout sur sa base. Il mesure une hauteur de vingt et un mètres. L'autre, abattu et couché dans le sable, à trente pas plus loin, a presque entièrement disparu. Les Anglais, auxquels il avait été donné par Méhémet-Ali, ont renoncé à en faire l'extraction. Ce monument, couvert d'hiéroglyphes parfaitement conservés, remonte à plus de quinze siècles avant Jésus-Christ.

Place des Consuls. — Située au centre du quartier européen, cette vaste place, qui affecte la forme d'un carré long, ou d'un parallélogramme, est fort belle, et ferait bonne figure dans les plus grandes capitales de l'Europe. Elle est plantée de plusieurs rangs d'arbres, ornée de bancs et de trottoirs, ainsi que de deux fontaines jaillissantes à ses deux extrémités. C'est là qu'habite le corps consulaire, logé dans de somptueux hôtels, chacun sous la protection de son pavillon national.

Couvent latin. — A quelques pas de la place des Consuls se trouve une autre grande place qui a la figure d'un triangle. Le couvent latin en occupe la base. On y arrive par une belle avenue, qui s'ouvre au milieu d'un jardin planté de palmiers. En face est le portail de l'église. De chaque côté, et offrant un développement considérable, se présentent deux grands corps de bâtiments, avec deux ailes en retour. Celui de droite est occupé par les pères franciscains, et celui de gauche, par le pensionnat des frères. Derrière se trouvent le palais de l'évêque et l'hôpital. Le tout, entremêlé de cours et de jardins. Depuis quelques années, les terrains ont beaucoup augmenté de valeur dans ce quartier, devenu le plus beau de la ville.

Colonne de Pompée. — On nomme ainsi une belle colonne de granit rouge, poli. Sa hauteur totale est

de trente mètres; celle du fût monolithe en a vingt-
deux, sur neuf de diamètre. Ce monument domine
la ville et la mer. On l'attribue faussement à Pompée.
L'inscription grecque, qu'on peut lire encore, prouve
qu'elle fut érigée par le préfet d'Égypte Publius, en
l'honneur de l'empereur Dioclétien.

Excursion au Caire. — Le mardi 9 octobre, à
neuf heures du matin, nous quittions la patrie des
Origène, des Clément, des Athanase, et le chemin de
fer de Suez nous emportait vers le Caire. Cette ville
occupe le sommet du Delta. D'Alexandrie au Caire,
on compte quarante-cinq lieues. C'est l'affaire de six
heures:

A quelque distance de la ville, la ligne de fer longe
le rivage du lac Maréotis, autour duquel s'étend l'ancienne Maréote, dont il est souvent question dans la
vie de saint Athanase. Le pays qu'on parcourt, d'une
fertilité extraordinaire, excite vivement d'abord la
curiosité du voyageur, qui bientôt se fatigue de son
invariable monotonie. On traverse sur de beaux ponts
les deux principales branches du Nil, celle de Rosette
et celle de Damiette. Le pont de la première, œuvre
d'art remarquable, est construit tout en fer, même
les piles, qui sont formées de tubes métalliques. Il
compte douze arches et a coûté dix millions. Chemin
faisant, nous stationnons devant quelques petites

villes, sans noms historiques, et nous apercevons, groupés dans la campagne, quantité de villages de fellahs (Arabes cultivateurs) dont les huttes de boue desséchée au soleil, surmontées d'une sorte de pigeonnier, n'offrent pour toute ouverture que la porte. C'est là qu'habite, dans un complet dénûment, la population en apparence la plus pauvre, au milieu du pays le plus riche et le plus fertile du monde. Le contraste est à la fois saisissant et douloureux.

De tous côtés, l'œil aperçoit une campagne d'une végétation luxuriante, admirablement cultivée, et entrecoupée de mille canaux, qui se croisent en tous sens, semblables aux mailles d'un filet jeté à terre.

Mais voilà que sur les trois heures la végétation disparaît tout à coup, et sur notre gauche, dans la direction de Suez, le désert se présente avec ses mamelons de roche couleur de feu, ses sables embrasés, et ses horizons sans limites, baignés dans une lumière éblouissante. En face de nous une ville à l'aspect étrange, avec ses dômes, ses terrasses, ses palmiers et ses trois cents minarets, s'offre en même temps à nos regards. C'est le Caire. Le Caire et Damas sont les deux seules grandes villes du Levant qui aient conservé à peu près intact le cachet oriental.

Le Caire. — Le Caire, situé sur la rive droite du Nil, a la forme d'un vaste parallélogramme. Sa plus grande longueur est d'environ quatre kilomètres, sur une largeur de deux et demi. Le désert le resserre de trois côtés, au nord, au sud et à l'est. La partie ouest, arrosée par le Nil, présente l'agréable contraste d'une végétation luxuriante. Des plantations de palmiers entremêlées de vertes prairies, d'élégantes villas, de belles avenues d'acacias et de sycomores, annoncent et commencent les riches campagnes du Delta.

Le Caire compte 400,000 âmes, dont 12,000 Coptes, 9,000 Francs, 4,000 Juifs, 2,000 Grecs, et autant d'Arméniens; le reste est musulman. Il possède quatre cents mosquées, dont trois cents sont à minarets, et une centaine de petites mosquées ou chapelles. Il faut ajouter à cela treize cents khâns où s'arrêtent les caravanes, trois cents fontaines ou citernes, et soixante-dix bains publics. Les différentes communions chrétiennes y comptent trente églises ou chapelles, et les Juifs dix synagogues.

Cette ville immense, bâtie en arabesques comme toutes les cités levantines, offre un inextricable labyrinthe de petites rues ou plutôt de ruelles non pavées, sinueuses, malpropres, bordées de hautes maisons construites à l'orientale, bariolées de bandes rouges et blanches, et dont les terrasses sont presque toutes surmontées d'un auvent en planches, destiné

6

à saisir au passage la moindre brise qui, d'aventure, viendrait à souffler. Cependant une grande rue droite, mais non encore achevée, la traverse, comme une large artère, dans toute sa longueur. Des planches, des toiles, des nattes étendues au-dessus de la plupart de ces rues, les protégent contre les rayons du soleil, et y répandent une agréable et fraîche obscurité.

Comme à Alexandrie, nous fûmes reçus au Caire avec la plus affectueuse cordialité par les frères des Écoles chrétiennes. Ils possèdent dans cette ville un pensionnat tout aussi beau, tout aussi florissant, que celui d'Alexandrie. Il compte plus de six cents élèves de toute nationalité, de toute langue, de toute couleur, et qui paraissent fort attachés à leurs habiles et pieux instituteurs.

Il y a, en outre, au Caire un couvent de franciscains, composé d'une douzaine de religieux, desservant une belle et grande église ; un couvent de dames du Bon-Pasteur, qui dirigent un orphelinat ; un couvent de clarisses italiennes ; et un hôpital civil, desservi par cinq sœurs appartenant à une congrégation de Marseille. Cet hôpital occupe, dans le quartier franc, l'hôtel qu'habitait le général Bonaparte, puis le général Kléber, et où ce dernier fut assassiné.

On rencontre, dans les grandes rues du Caire, de riches et nombreux équipages. Un saïs au costume blanc, aux manches flottantes, les précède en courant, très-disposé à frapper, de la courbache qu'il tient à la main, l'Arabe indolent, le gamin ou la pauvre femme fellahine trop lents à se ranger.

L'âne est la monture du pays; mais l'âne modèle, agile, sobre, infatigable. On en trouve partout et de tout équipés, aux coins des rues, sur les places publiques, dans les carrefours. Leurs maîtres participent, dans une large mesure, à toutes ces belles qualités. Vous enfourchez un baudet quelconque, et le propriétaire vous suit à pied, n'importe à quelle allure. Il galopera ainsi toute la journée sous un soleil torride, sans boire ni manger. Quelques dattes, une galette et un peu d'eau, voilà l'ordinaire d'un Arabe.

Excursions. — *Arbre de la Madone.* — On peut faire du Caire plusieurs excursions qui offrent un grand intérêt, et dont le voyageur ne peut guère se dispenser. La première que nous entreprîmes, dès le lendemain de notre arrivée, fut celle de l'arbre de la *Madone.* C'était le mercredi 10 octobre. Nous partîmes de grand matin, montés sur deux baudets forts et agiles, suivis d'un jeune guide arabe. Il y a environ deux heures de chemin. Nous sortons par la porte *Bab-el-Foutouh,* située au nord de la ville. Nous traversons une plaine de sable qui commence le désert; croisant alors la route et le chemin de fer de Suez, dont rien ne défend les abords, nous entrons dans la riche campagne de la vallée du Nil, par une sorte d'avenue plantée d'assez beaux arbres. Nous passons par plusieurs villages entourés de jardins, de plantations de dattiers, et finalement nous pénétrons dans un enclos bien cultivé et orné de fleurs. Un énorme sycomore en occupe le centre. La tradition rapporte que Marie et Joseph, au sortir du désert, et arrivés sur la frontière du pays cultivé, s'arrêtèrent sous l'ombrage de ce sycomore, lequel inclina ses branches, comme pour saluer le divin enfant, et le défendre contre les ardeurs du soleil. Son écorce est tailladée et couverte des noms des pieux pèlerins.

A quelques pas de là, on montre une fontaine nommée la *Fontaine de Marie,* qui fournit aux besoins de la sainte famille, et qui, avec l'arbre de la Madone, est l'objet du respect et de la vénération des chrétiens, aussi bien que des musulmans.

Nous continuons notre route au nord. Au bout d'un quart d'heure de marche, et après avoir traversé à gué deux de ces canaux d'irrigation qui sillonnent et fertilisent l'Égypte, nous arrivons à *Matarièh* (l'ancienne Héliopolis). Les ruines mêmes de cette antique cité ont disparu; il n'en reste plus qu'un obélisque de granit rouge, encore debout, et enfoncé de trois mètres dans le sol. Il a vingt mètres soixante-quinze centimètres de hauteur, et sa largeur, à sa base, est d'un mètre quatre-vingt-quatre centi-

mètres. Ce qui donne à ce monument le plus haut
intérêt, c'est qu'il est le plus ancien obélisque connu
de l'Égypte. Il remonte à la date prodigieuse de
2,700 ans avant l'ère chrétienne. Il est couvert d'hiéroglyphes parfaitement conservés. Des fouilles dans
ce lieu inexploré amèneraient sans doute de très-
intéressants et de très-précieux résultats. C'est dans
les environs d'Héliopolis que le général Kléber, à la
tête de six mille Français, mit en déroute une armée
de soixante mille Turcs. Après avoir parcouru ces
lieux si pleins de souvenirs sacrés et profanes, nous
reprîmes la route du Caire, enchantés de cette première excursion.

Vieux Caire. — *Grotte de la Sainte-Famille.* —
Après le dîner nous entreprîmes, sous la conduite
de l'excellent frère directeur, une autre expédition.
Il s'agissait de visiter le musée de Boulak, le vieux
Caire et la grotte de la Sainte-Famille.

Boulak, l'un des deux ports du Caire, est un gros
village de 4,000 à 5,000 âmes, situé sur la rive droite
du Nil. On y arrive en suivant une longue et belle
avenue, constamment animée par un mouvement
considérable de promeneurs, d'ânes, de chevaux, de
chameaux et de voitures. Le musée créé et dirigé par
un savant français, M. Mariette, se compose d'anti-
quités égyptiennes. Nous y vîmes beaucoup de mo-

mies, de sarcophages historiés, de statues de pierre, de bronze et de marbre, assises pour la plupart, et tenant, selon l'usage égyptien, leurs mains sur leurs genoux. Ce qui nous intéressa davantage, ce fut le sarcophage, récemment découvert, d'une reine appartenant à l'une des premières dynasties égyptiennes. Il était placé sous une vitrine, entouré de tous les ustensiles, ornements, armes, joyaux d'or, d'argent, de pierres précieuses, qui avaient appartenu à cette princesse, et remontaient à plus de 3,000 ans.

Nous nous rendîmes ensuite au vieux Caire, ou Fostât, distant d'environ cinq kilomètres du quartier franc. Cette ville, fondée en 640 par Amrou, général du calife Omar, fut incendiée en 1168, lors de l'irruption des croisés dans la basse Égypte. On craignit qu'elle ne tombât entre leurs mains. L'incendie, assure-t-on, dura cinquante-quatre jours. Elle ne s'est jamais relevée de ses ruines. Deux gros villages, l'un arabe et l'autre copte, comprenant une population d'environ 3,000 habitants, et entourés de murailles, sont tout ce qu'il en reste aujourd'hui.

C'est dans le quartier copte que se trouve l'église Saint-Georges, au-dessous de laquelle on visite une crypte transformée depuis longtemps en chapelle, et où la tradition rapporte que la sainte famille se retira lors de sa fuite en Égypte. Une fois chaque année, les catholiques du Caire ont le droit d'y célébrer la sainte messe. Nous n'y pûmes descendre, parce que les eaux du Nil, alors débordées, en couvraient le pavé à la hauteur d'un mètre. Cette chapelle souterraine est partagée en trois petites nefs, par deux rangées de colonnes courtes et grossières. Au fond de cette grotte, une niche taillée dans la roche est la place que la tradition assigne au berceau du divin enfant. On ne saurait se figurer un séjour plus affreux que ce village du vieux Caire. On y circule par des ruelles de quatre à cinq pieds de large, où un rayon de soleil n'est jamais descendu, et où le jour et l'air peuvent à peine pénétrer. Cependant la charité catholique vit et travaille dans cette espèce de sépulcre. Nous visitâmes avec une grande édification deux religieuses clarisses italiennes, députées par le couvent du Caire, et qui font la classe à une vingtaine de petites filles.

Nous entrâmes, en revenant, dans la mosquée d'Amrou, située à l'est du village. C'est la plus ancienne du Caire. On y compte deux cent trente colonnes, tirées de différents monuments anciens. Avant d'arriver à la ville, nous dûmes traverser un vaste champ de décombres, qui sépare le vieux Caire du nouveau, et qui, offrant partout l'aspect de la désolation, laisse dans l'âme une profonde empreinte de tristesse.

Forêt pétrifiée. — Puits de Joseph. — Mosquée

et tombeau de Méhémët-Ali. — La forêt pétrifiée, le puits de Joseph, la mosquée et le tombeau de Méhémet-Ali furent le but de notre troisième excursion, l'une des plus longues, mais aussi des plus intéressantes. Nous nous mîmes en route de bonne heure, le vendredi 12 octobre, dirigeant notre course vers l'est. Au sortir de la ville, nous entrons dans une plaine déserte, remplie de monuments funéraires de toutes dimensions, mais d'une architecture assez monotone. Ce sont toujours des dômes de style byzantin, renflés au centre, étranglés à la base; des minarets carrés ou octogones, se terminant en pointe, et surmontés de l'inévitable croissant; des fenêtres ogivales ornées de colonnettes, etc., le tout dans un état misérable d'abandon et de délabrement : c'est la nécropole des Mameluks. Après cette ligne de masures qui s'étend fort loin, toute habitation humaine disparaît, et nous voilà en plein désert, sur la route que prennent les caravanes qui se rendent à Suez. Nous suivons longtemps une large et sablonneuse vallée, bordée de montagnes stériles; enfin, tournant à droite, nous gravissons un mamelon à pente douce, et nous nous trouvons sur un plateau couvert non de forêts, mais de tronçons d'arbres pétrifiés, épars sur le sol ou enfouis dans le sable, quelques-uns remarquables par leur grosseur. Ce même phénomène se rencontre encore dans quelques autres endroits de la vallée du Nil. Quelle explication en peut-on don-

ner? *Adhuc sub judice lis est.* Ces arbres fossiles
paraissent avoir été originairement des palmiers et
des bambous. Nous en recueillons quelques fragments, et nous déjeunons sur le plateau, contemplant à notre aise l'aspect imposant du désert.

Nous reprenons ensuite nos infatigables montures,
et après une heure et demie de marche nous rentrons dans la ville et nous commençons à gravir les
pentes du Mokattam, mont qui domine le Caire, et
sur lequel la citadelle est bâtie. On y arrive par une
chaussée moderne, accessible aux voitures, et construite par Méhémet-Ali.

Nous traversons une première enceinte, et nous
nous trouvons dans une cour carrée qui sert de vestibule à la célèbre mosquée. Cette cour est entourée
d'une colonnade en bel albâtre oriental, et d'un effet
imposant. Nous entrons ensuite dans la mosquée,
surmontée d'une vaste coupole, et bâtie sur le plan
des grandes mosquées de Constantinople, ou plutôt
de Sainte-Sophie, qui leur a servi de modèle. Nous
en faisons le tour, les pieds dans des babouches (pan-
toufles) de cuir rouge, pour nous conformer à l'usage
musulman, et après avoir visité d'un œil assez indifférent ces marbres, ces jaspes, ces albâtres, ces
ornements de cuivre et de bronze doré, prodigués
sans goût, avoir visité le riche tombeau de Méhémet-
Ali, le grand civilisateur de l'Égypte, nous suivons
notre guide sur une terrasse d'où l'on découvre

un immense et splendide panorama. C'est là sans
contredit ce que la citadelle offre de plus intéressant.

De cette hauteur, l'œil embrasse dans un vaste
horizon, à l'ouest, la ville du Caire, le cours et la
verte vallée du Nil, avec sa végétation luxuriante ;
au nord-est, le chemin de fer de Suez, l'aiguille
d'Héliopolis et les ondulations embrasées du désert ;
au sud, les ruines de Memphis, et divers groupes de
pyramides, parmi lesquelles celles de Gizèh, dont
nous parlerons tout à l'heure, élèvent leurs colossales assises, et, se détachant sur le fond rougeâtre
du désert, présentent une masse imposante, malgré leur éloignement de quatre lieues. Là, sous
ces sables, est enseveli le vieux monde égyptien,
cette civilisation des premiers âges, dont les indes-
tructibles monuments attestent encore, à travers les
siècles, la puissance et la grandeur. Nous étions
en quelque sorte cloués à notre place, muets, silen-
cieux, tout entiers à ce spectacle incomparable, et
aux réflexions qu'il faisait naître en nous. A la vue
de ces grandeurs d'autrefois, de ces débris gigantesques, de ce vieux monde presque disparu, le texte
célèbre de la sainte Écriture : *Vanitas vanitatum,
et omnia vanitas*, semblait planer sur ces ruines,
nous offrant une saisissante et sublime applica-
tion.

Mais on se lasse de tout, et puis notre guide

arabe s'ennuyait; il fallut bien finalement céder à
ses instances, et descendre avec lui au puits de
Joseph, le dernier article du programme que nous
étions en train d'exécuter.

Ce puits, que la tradition attribue au fils chéri de
Jacob, premier ministre et sauveur de l'Égypte, est
de forme carrée et creusé dans le rocher. Sa profondeur est de quatre-vingt-quinze mètres. De
larges paliers le divisent en deux étages. On y descend par une spirale à pente douce. Un mécanisme
grossier, mis en mouvement par des bœufs, fait
monter l'eau et la distribue dans des bassins dis-
posés autour d'une cour intérieure. La visite fut
courte; nous étions épuisés de fatigue; nous rentrâmes donc couverts de sueur et de poussière, pour
nous disposer, par un indispensable repos, à la grande
excursion du lendemain, celle des pyramides, qui
devait être la dernière.

Excursion des pyramides. — L'organiser n'était
pas chose facile; le Nil était en plein débordement,
il fallait le traverser plusieurs fois. Il était donc indispensable de nous procurer un guide sûr, intelligent
et expérimenté, aux soins duquel nous pussions
nous en remettre complétement, tant pour les pré-
paratifs que pour la conduite de l'expédition. Cependant nous le trouvâmes sans trop de peine, grâce à

la parfaite obligeance du chancelier de notre ministre
au Caire, et l'utile entremise de nos aimables hôtes.
Nous fîmes donc nos dispositions pour le lendemain.
Les frères poussèrent la bonté jusqu'à nous pourvoir
d'abondantes provisions de bouche, et le samedi
13 octobre nous nous mîmes en route deux heures
avant le jour. Nous traversâmes la partie ouest de la
ville au milieu du silence et de l'obscurité, interrompue de loin en loin par de petites lanternes suspendues aux murailles des mosquées ou de quelques
maisons particulières. Nous entrons dans le vieux
Caire, et nous arrivons au bord du Nil, que nous
passons sur une large barque, à la clarté des étoiles.
Quelques instants après, nous galopions sur la berge
opposée. Bientôt nous sommes arrêtés par un canal
qu'un bac nous fait franchir. Finalement nous parcourons une longue chaussée qui s'arrête brusquement au milieu d'un lac formé par le débordement
du Nil. Là encore il nous faut prendre une barque,
sur laquelle nous naviguons pendant plusieurs heures ;
enfin, après bien des détours et cinq heures de
marche, nous débarquons au pied des pyramides.

Ces pyramides sont au nombre de trois, deux
grandes et une petite. Le groupe porte le nom de
pyramides de *Gizèh*, qui est celui d'un village voisin,
situé en face du vieux Caire, sur la rive gauche du
Nil. De plus, chacune d'elles a reçu le nom de son
auteur ; on dit : la pyramide de *Khéops*, de *Khéfren*

et de *Mycérinus*. Ces monuments tumulaires remontent aux premières dynasties pharaoniennes, et touchent, par conséquent, à la plus haute antiquité. Ce sont les plus solides et les plus colossales constructions du monde.

« Le docteur allemand Lepsius a pu constater, par l'étude qu'il a faite de l'ensemble des pyramides, que leur construction commençait par le centre et se développait ensuite extérieurement, de telle sorte qu'autour d'une pyramide de moyenne grandeur, formant comme un noyau central, on ajoutait successivement une ou plusieurs couches extérieures, épaisses de cinq à six mètres, chaque couche augmentant ainsi graduellement la grosseur et l'élévation de la construction primitive. Pour se rendre compte de ce procédé, il faut savoir que chaque prince de l'ancienne monarchie, dès son avénement au trône, faisait commencer la construction de sa pyramide tumulaire, et cela sur de médiocres proportions, afin d'en assurer l'achèvement, dût-il ne régner que peu de temps; mais à mesure que son règne se prolongeait, il faisait superposer de nouvelles couches, si bien que la grandeur de la pyramide était toujours en raison de la durée du règne. C'est ce qui explique pourquoi quelques-unes des pyramides ont de si vastes proportions, tandis que d'autres sont restées à l'état embryonnaire. Grande ou petite, la construction, terminée à la mort du roi, était revêtue d'une enveloppe de pierres dures et polies qui faisait disparaître les gradins, en même temps qu'elle recouvrait et dissimulait complétement l'orifice de la galerie conduisant à la chambre sépulcrale [1]. »

Revenons à notre groupe de Gizèh. La pyramide de Khéops est la plus élevée des trois. Elle mesure deux cent vingt-sept mètres de largeur à sa base; sa hauteur verticale actuelle est de cent trente-sept mètres (quatre cent vingt-deux pieds). Elle avait probablement une vingtaine de pieds de plus, avant qu'on en eût enlevé les dernières assises. Cette opération a transformé le sommet en une plate-forme ayant dix mètres de côté. C'est une montagne de pierres. Nous en entreprîmes immédiatement l'ascension. Depuis que les califes l'ont dépouillée de son revêtement de marbre, elle se présente sous l'aspect de quatre escaliers immenses formés de gradins inégaux et très-élevés, qu'on ne pourrait gravir seul sans s'aider des mains et des genoux. Mais les Arabes y ont pourvu. Trois de ces robustes Africains s'emparent de votre personne; les deux premiers vous hissent en vous tirant par les mains, et le troisième vous épaule par derrière. Ils ont bien soin, afin que vous puissiez mieux apprécier leurs services, de vous faire escalader les marches les plus hautes et les

(1) Guide Joanne et Isambert (Égypte).

endroits les plus difficiles. Pendant l'ascension, qui
dure environ une demi-heure, ils ne cessent de répéter avec une emphase comique : « Du haut de ces pyramides, quarante siècles vous contemplent ! » Paroles
qu'ils accompagnent de l'éternel refrain : « Bon bak-
chisch ! bonne mission ! bonne récompense ! » A cela,
et strictement à cela, se borne toute leur science du
français.

Du reste, il faut en convenir, parvenu à la plate-
forme de la pyramide, on est bien dédommagé de sa
peine par le merveilleux spectacle qui s'offre alors
aux yeux. En face de vous, le Nil déploie sa large
nappe au milieu d'un riche tapis de verdure ; au delà,
le Caire avec ses dômes, ses blancs minarets, et sa
citadelle adossée aux pentes du Mokattam ; à droite, au
sud, une longue chaîne de pyramides de diverses hauteurs, des blocs, des ruines éparses, sur une plaine
aride et mamelonnée ; et puis, débordant de toutes
parts comme pour encadrer ce tableau magnifique,
les sables et le désert : tout cela, reposant dans une
immobilité solennelle, embrasé par les rayons d'un
soleil ardent, coloré des teintes les plus chaudes,
présente un spectacle étrange, inouï, qui saisit
l'âme, et la remplit d'une indéfinissable émotion. Ce
sont bien là ces monuments superbes qui, selon la
parole de Bossuet, semblent vouloir porter jusqu'au
ciel le magnifique témoignage de notre néant ! Les
voyageurs ont raison de dire que c'est une des

scènes les plus grandioses auxquelles on puisse assister. Après quelques instants de contemplation et de repos, nous descendîmes, mais alors sans l'aide de personne.

Arrivés à vingt mètres environ de la base du monument, on nous fit entrer par une sorte de trou dans l'intérieur de la pyramide. Nous nous engageons dans un corridor, ou plutôt dans un couloir obscur et voûté, qui descend d'abord par un pan incliné, et puis qui, se relevant brusquement, nous conduit, par une pente longue et roide, dans la chambre dite du *Sarcophage*. Cette pièce a cinq mètres huit centimètres de hauteur, sur dix mètres trente-trois centimètres de longueur, et cinq mètres trente-quatre centimètres de largeur. Le plafond en est plat. C'était là que reposait la momie royale dans un sépulcre de granit rouge, sans ornements ni hiéroglyphes. Le monument est toujours en place, la momie a été transportée.

Comme nous l'avons dit plus haut, il y a d'autres pyramides dans la direction du sud. Dans un espace de soixante kilomètres, on en compte quarante de diverses grandeurs.

A cinq cents mètres en avant ou à l'est de la pyramide de Khéops que nous venons de visiter, se trouve le *Sphinx*. Ce colosse est un lion à tête humaine et accroupi. Il est taillé dans un bloc de rocher qui se trouvait à cette place. Le sable recouvre toute la partie inférieure. La face, autrefois peinte en rouge, mesure neuf mètres de hauteur, et la longueur totale du colosse en a cinquante-sept. Non loin du sphinx, M. Mariette a découvert les restes d'un temple égyptien en porphyre. Malgré les déblaiements, les sables le recouvrent déjà en partie.

A quelques pas de la pyramide de Khéops, s'élève celle de *Khéfren*. Sa hauteur verticale a cent trente-cinq mètres, huit mètres de moins que la précédente. Vient ensuite celle de *Mycérinus*, qui n'en a que soixante-six, et qui paraît une taupinée auprès de ses deux sœurs.

Là dut se borner notre excursion dans le désert.

« En remontant le fleuve jusque dans la Thébaïde, écrit un voyageur [1], on trouve d'autres souvenirs et d'autres débris. M. Mariette a découvert récemment (1850) sous les sables un monument antique, appelé *Serapœum*. C'est une allée de sphinx gigantesques (dont cent quarante et un sont encore sur leurs piédestaux) aboutissant à une sépulture royale. Ce lieu renferme des sarcophages polis comme le marbre. Plus loin, c'est Thèbes, la ville aux cent portes, couvrant la plaine de ses ossements de granit : statues colossales, obélisques, allées de six cents sphinx, palais de géants, hypogées chargés d'hiéroglyphes. C'est, dit-on, une apparition gran-

---

(1) Le R. P. Rigaud, *Souvenirs de Jérusalem.*

diose du vieux monde, et à ce spectacle l'armée française, en 1798, battit des mains par un mouvement spontané d'enthousiasme. »

Quelques lieues seulement nous séparaient de ces merveilles. Mais il faut faire des sacrifices, même en voyage. Nous dûmes nous contenter des pyramides, et nous revînmes au Caire, ravis de cette magnifique excursion. Chemin faisant, nous rencontrâmes plusieurs ibis, cet oiseau qu'on retrouve si souvent parmi les hiéroglyphes égyptiens. C'est un bel oiseau, au plumage blanc, et de forme élégante. Détruisant les reptiles qui infestent les bords du fleuve, il est d'une grande utilité. Aussi était-il, chez les anciens, l'objet d'un culte spécial. Deux jours plus tard, c'est-à-dire le mardi 14 octobre, après avoir pris congé de nos excellents hôtes, nous partîmes par le chemin de fer d'Alexandrie, en compagnie d'ingénieurs, inspecteurs et autres employés du canal de Suez, qui furent tous pour nous d'une grande politesse. On est si heureux en pays étranger de rencontrer des compatriotes! Ils nous assurèrent que dans trois ans tous les travaux de l'isthme seraient terminés.

Le surlendemain, nous nous embarquâmes sur le Said, l'un des grands transports des messageries impériales, que nous ne devions plus quitter que pour mettre le pied sur la terre de France.

La pensée de ce long voyage heureusement accom-

pli ou sur le point de l'être, la certitude de revoir
dans six jours la chère patrie, remplissaient notre âme
d'un sentiment de vive reconnaissance envers Dieu,
l'auteur de tout bien, comme aussi d'une joie intime
et profonde.

Cependant une petite épreuve nous attendait. Le
temps s'était mis à l'orage, des nuages cuivrés couvraient le ciel, le vent soufflait avec force, la mer
était agitée. Aussi n'avions-nous pas encore perdu
de vue les côtes d'Égypte, que je me voyais obligé de
quitter le pont et de gagner ma cabine, où je dus
demeurer soixante-quinze heures de suite. Dans la
nuit, nous eûmes une tempête qui brisa la plus
grosse vergue du grand mât. Enfin, après trois jours
d'une navigation orageuse, nous jetions l'ancre, à
deux heures du matin, en rade de Messine, seule
escale de la traversée, par un ciel pur, une mer
calme et un magnifique clair de lune. Nous revîmes
ces montagnes bizarrement découpées qui encadrent
la ville et la resserrent de tous côtés, le port silen-
cieux, le quai éclairé au gaz par des lanternes au
verre de couleur.

Bientôt le sifflet se fit entendre, et l'hélice recom-
mença son bruit monotone. Jusqu'à Marseille le
beau temps ne nous quitta plus. Vers dix heures
nous traversâmes les îles Lipari, qui brillent comme
des perles sur l'azur de la Méditerranée. Nous passâmes au pied du Stromboli, volcan d'ordinaire assez

calme, et qui s'élève comme un pain de sucre au milieu de la mer. Il voulut bien, en notre honneur sans doute, faire apparaître au-dessus de son cratère conique quelques jets de fumée. Le lendemain mardi, nous passâmes le détroit de San-Bonifacio ; nous vîmes de près les affreux rochers qui bordent la Sardaigne, la plage de funèbre mémoire où, il y a quelques années, se perdit *la Sémillante ;* longtemps nous côtoyâmes les rivages et les montagnes pittoresques de la Corse, et enfin, le jeudi 25 octobre, à cinq heures du matin, nous aperçûmes les phares des côtes de France. L'émotion fut très-vive ; jamais, je crois, je n'en perdrai le souvenir. Quelques heures après, nous débarquions à Marseille, après avoir salué, en passant, Notre-Dame-de-la-Garde, et rendant grâces à Dieu, à qui nous devions un si beau, si pieux et si intéressant voyage.

FIN

TABLE

—

BIBLIOTHÈQUE NATIONALE
R.F.
IMPRIMÉS

3045. — Tours, impr. MAME.

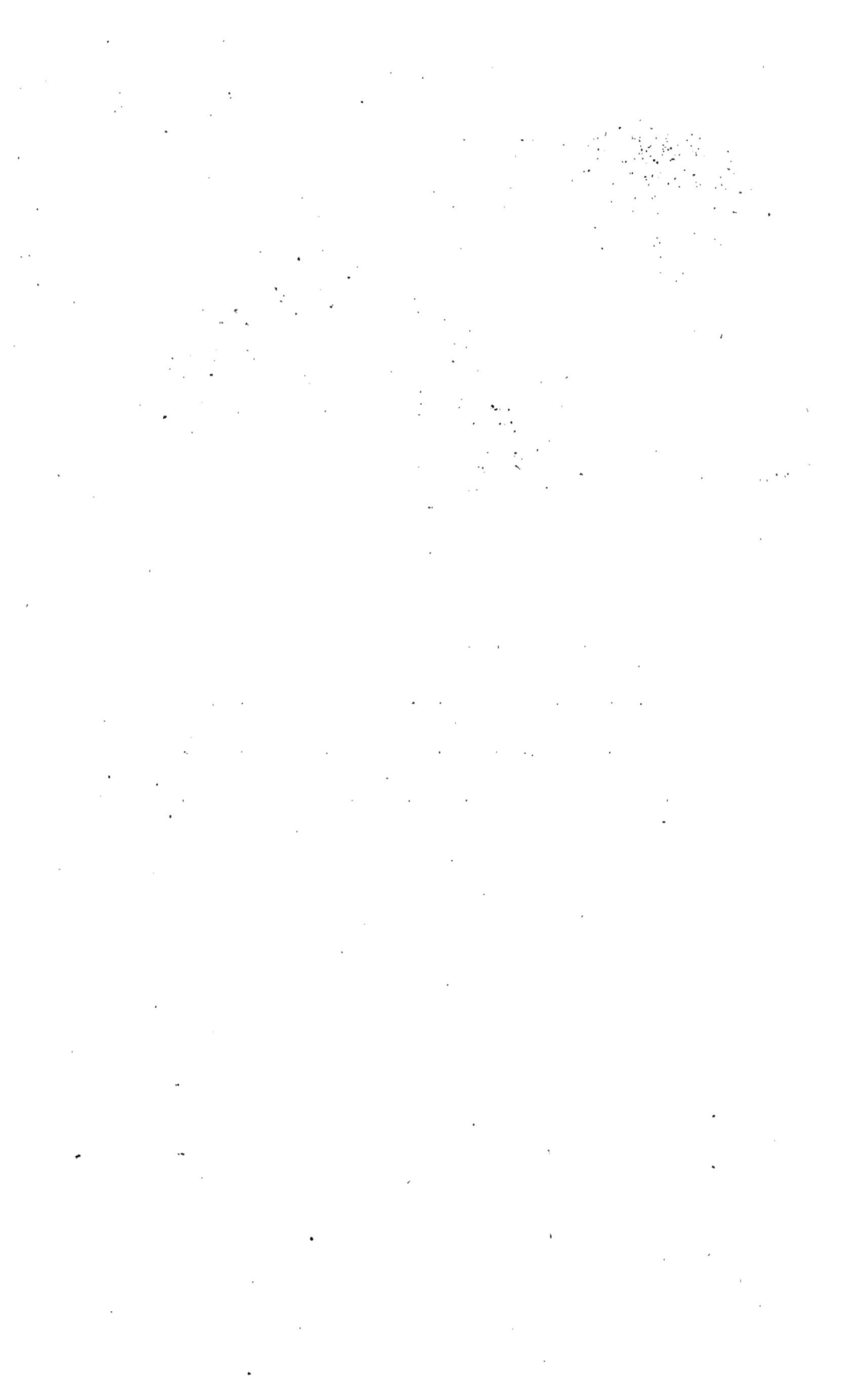

www.ingramcontent.com/pod-product-compliance
Lightning Source LLC
Chambersburg PA
CBHW051719090426
42738CB00010B/1981